Fundación César Manrique
César Manrique Foundation
César Manrique - Shiftung

César Manrique

en sus palabras
in his own words
in seinen Worten

Fernando Gómez Aguilera

Selección e introducción
Selection and introduction
Auswahl und einführung

César Manrique | en sus palabras
in his own words
in seinen Worten

FUNDACIÓN
CÉSAR
MANRIQUE

4.ª Edición, septiembre 1999

Diseño
Alberto Corazón

© de la introducción, selección y notas
Fernando Gómez Aguilera, 1995

© de los textos
Fundación César Manrique

© de la presente edición
Fundación César Manrique
Servicio de Publicaciones
Taro de Tahíche
35509 Teguise
Lanzarote - Islas Canarias

Traducciones
Jonathan Allen (inglés)
VERBATIM (alemán)

Créditos fotográficos
Pedro Martínez de Albornoz
Archivo Fundación César Manrique

Corrección pruebas
Hillary Dike (inglés)
Beatriz Jung (alemán)

Maquetación
Andrián Tyler

Fotomecánica
Lucam

Encuadernación
Méndez

Imprime
Cromoimagen, S.L.
Albasanz, 14 bis – 28037 Madrid

I.S.B.N.: 84-88550-04-9
Depósito Legal: M. 21.290-1995

Impreso en España. Printed in Spain

IMPRESO EN PAPEL EXENTO DE CLORO

Índice

Introducción	8
Notas sobre la edición	31

Textos

El Hombre	39
El Arte	67
La Naturaleza	103
Cronología	127
Bibliografía	133

INTRODUCCIÓN

EL VUELO SIN CONDICIONES

Aunque fuera de forma ocasional, César Manrique abordó también la escritura. Acudía a la palabra movido por la imperiosidad de la circunstancia, por la necesidad del desahogo o con motivo de determinados actos públicos. Si exceptuamos algunos —muy escasos— textos poéticos y la correspondencia epistolar, pocas veces derramó sobre el papel su topografía íntima, sus emociones profundas, debido, quizá, a un oculto pudor, extraño en un artista que tan decididamente planteó su compromiso con la libertad. No obstante, en los últimos años de su vida anotó algunos fragmentos cuyas referencias se adentraban en sus estancias más interiores, apuntes relacionados, sobre todo, con su universo creativo y con su especial connivencia con la naturaleza. De cualquier modo, los escritos que se conservan, atravesados siempre por el don de la transparencia,

poseen un estimable valor para situarnos en el umbral de una visión y experiencia humana y artística singulares y apasionadas.

No representa en Manrique la escritura un soporte intelectual paralelo a su actividad plástica ni se plantea con la intención de desarrollar presupuestos creativos en la arquitectura de un discurso. Cuando más, las referencias conceptuales a su obra son apuntadas de forma directa, a modo de constatación, sin posteriores ampliaciones o inserciones en un tejido teórico. Sus textos se enmarcan dentro de una escritura de urgencia, de impronta gestual, nacida en una corriente interior sonora, desbordada. Escribe *ex abundantia cordis,* habitualmente con explícita intención social. Es la suya una comunicación de estructura apelativa, incardinada en la denuncia o en su vocación ilustrada; grito, voz abisal enraizadísima, originada en un espeso imperativo moral. El pintor, con frecuencia, recurría a la palabra urgido por su vocación solidaria —que es la de su propuesta artística—, por su condición de autoridad en la defensa del medio ambiente y del territorio, del arte sin limitaciones. La expele entonces como una llamarada incendiaria, prolongación del hombre corazonado e iconoclasta que fue el artista: la palabra, siempre, inequívoco acto de presencia, de su presencia, no fin en sí, no letra que a sí misma se pretendiera, en seducción verbal.

Configura ese carácter una expresión formal fogosa, acumulativa, nacida del exceso. Manrique escribía como

hablaba —era norma de su textualidad—: desde el hervor, movido por una causalidad reivindicativa, exhortativa o didáctica; pretendía convencer, difundir, defender. Es escritura en delación de la condición humana que la alimenta: un discurso del entusiasmo y de la convicción, vehemente como el hombre que lo expedía. La sintaxis, en consecuencia, adquiere los rasgos propios de la lengua coloquial: son frecuentes los anacolutos, los períodos extensos sin respiro, las redundancias. Una expresión envolvente, espontánea, descuidada, que pretende la efectividad comunicativa a instancias del ardor y de una manifiesta necesidad de verter sobre el papel un contenido militante. Se convierten los suyos en textos de aliento exhausto, en laberintos nacidos de una activa voluntad transformadora.

Los contenidos que desarrolla en sus escritos configuran el mapa de referencias artísticas, medioambientales y sociales que devino en núcleo de su vida y de su quehacer. Resultan mayoritarios los textos dedicados a defender su inequívoco posicionamiento con respecto al medio ambiente, al urbanismo, a la protección del frágil territorio canario, en general, y del lanzaroteño, en particular, y a difundir su concepción integradora del arte y de la naturaleza. Pero diseminadas aquí y allá quedan anotaciones sobre la actitud vital y artística del hombre y del creador.

Los pensamientos que apunta César Manrique a lo largo de su vida denotan la coherencia de su universo

creativo y de sus propuestas. Se desenvuelven, en su formulación, sobre los ritmos de la espiral, acudiendo una y otra vez a las convicciones que profesó: creencia en la belleza como estado superior del hombre; conveniencia de instalarnos en armonía con los ritmos de la Naturaleza; propuesta de un Arte Total; apelación al modelo natural; necesidad de que el hombre supere sus fragmentaciones interiores y viva desde la reconciliación; obligación moral del artista de defender el medio, de actuar con vocación didáctica y de contribuir a la felicidad individual y colectiva; vivencia de un cierto panteísmo místico; defensa de la identidad cultural y de lo autóctono en diálogo con lo universal; construcción de la utopía; exaltación de la libertad, la creatividad y la vida ... La recurrencia constituye uno de los procedimientos que cimentan el edificio verbal, alzado sobre un pensamiento cerrado, aglutinante, un argadijo de esencias abandonadas a vuelapluma sobre el papel, pocas veces tamizadas, antes al contrario, confundidas de continuo en la inmediatez de la precipitación, la redundancia y el grito. No es infrecuente que determinados núcleos de contenido se encuentren reformulados en diferentes escritos e incluso que algunas ideas se trasladen con la misma expresión a textos distintos, en fechas diferentes. Quizá por ello, porque su punto de partida es el de la posesión subjetiva de una verdad indomable, que el artista localiza en un espacio habitado maritalmente por el arte y la naturaleza, su pensamiento se presenta alejado de la ponderación, rotundo y clausurado.

En los últimos escritos de su vida se advierte el rastro de un hombre que, desde la intuición —a la que una y otra vez apelaba—, vivía en comunión con una personal actitud de difícil traslado al soporte verbal. Manrique vio, respiraba el sonido interior de su decir, resonancia de una experiencia de vida entrañada, incomunicable, como suele ocurrir en esos casos. La palabra, que en él era salvaje, nervuda, inmediata, no hubiera podido dar cauce a manantial tan blanco, aunque de algún modo deje intuirlo. La lectura resonante enriquece la percepción de los textos de Manrique. Al acudir a ellos, se recorre el rastro verbal de un artista que también a través de la palabra, como complemento de su actividad creativa y de sus actitudes, quiso compartir con nosotros algunos destellos del fuego que en su sangre y en su obra fue entrañada luz.

FERNANDO GÓMEZ AGUILERA

Index

Introduction	16
This edition	31

Texts by Manrique

Man	39
Art	67
Nature	103
Chronological Guide	127
Bibliographical Notes	133

INTRODUCTION

BOUNDLESS FLIGHT

Although only sporadically, César Manrique also committed himself to the written word. He resorted to writing, in general, when circumstance dictated, or if not, moved by the need for self-expression, or prompted by certain public events. Excepting some scarce poetical texts and his epistolary, he penned his intimate thoughts only occasionally, restrained, perhaps, by an unconfessed timidity, strange in an artist who otherwise expressed his compromise with freedom so radically. However, during the final years of his life, he noted some fragments down in connection with his innermost convictions, in particular certain notes on his creative universe and his special connivence with nature. In any event, the writings by Manrique we conserve, always gifted with transparency, have considerable value as they take us to the boundary of human, artistic vision and experience, as singular as they are impassioned.

Manrique's writings are not an intellectual backbone running parallel to his artistic activity; nor are they conceived for the theoretical development of his creative assumptions in the construction of discourse. At most, the conceptual reference to his work is directly notated, as affirmation, without further elaborations or insertions within a theoretic whole. His texts belong to a type of literary expression determined by urgency, spontaneous in nature, born of a deep, resonant voice. He writes *ex abundantia cordis*, usually with a marked social aim. His expression has a personal structure, embodied in a spirit of criticism or in his enlightened vocation; a profound cry, a voice stemming from a summary moral imperative. The artist frequently resorted to writing when his human solidarity so determined his art being based on collective values. He wrote when moved by a sense of authority in the defense of the environment and of his island, of art devoid of cultural constraints. His expression thus engaged is like a burning flame, an image of the iconoclast and hearty man who he was, who always used the word as the clear indication of meaning, of his own meaning as opposed to an end in itself, to verbal self-seduction.

The character of his prose is formed by an accumulative, intense style, a sort of natural excess. Manrique wrote as he spoke and this characterizes his writings as a whole. Impelled by a communicative, revealing and truth-seeking logic, always ebullient, he aimed to convince, spread the word and defend. His prose sees through the human condition which is its nourishment; it is an enthusiastic and deeply committed discourse, as vehement as the man who pronounced it. The syntax takes on colloquial colour: frequent anacoluthons, long,

flowing passages, tautologies. A seductive, spontaneous, carefree style, hoping to obtain communicative efficiency through ardour and the burning need to commit militant convictions to prose. His texts tend to run out of breath, to become labyrinths conceived by an active, transforming will.

The content developed by Manrique makes up a map of social, environmental and artistic references representing his life and works. By far most numerous are the texts devoted to the defense of his forthright stance in relation to issues of the environment, urban planning, the protection of the fragile Canarian territory in general and, in particular, to Lanzarote and to spreading his integral conception of art and nature. Yet, on the way, we find fragments on the artistic and existential attitude of the man and creator, who was never afraid of coming out into the open.

The thoughts recorded by César Manrique throughout his life reveal the cogency of his creative universe and of his theories. They expand, in their formulation, like a spiral, harping on the convictions he never ceased to express: a belief in beauty as the supreme state of man; the need to blend harmoniously with nature's rhythms; the proposal of Total Art; the need for a natural model; the challenge for man to overcome his inner fragmentation and to live thenceforth in reconciliation with himself; the moral obligation of the artist to defend the environment, to act as communicator, to contribute towards collective and individual happiness; the experience of a certain mystical pantheism; the defense of cultural identity and of the regional in harmony with the universal; the construction of Utopia; the extolling of freedom, creativity and existence. Repetiton constitutes one of the

procedures that hold fast Manrique's verbal edifice, founded upon cogent synthetic thought, a conglomerate of essences fleetingly expressed on paper, rarely separated, rather constantly confused in the heat of precipitation, noise and excess. It is not unusual to discover certain basic ideas reworded in different pieces, or even certain ideas transcribed word for word in various texts of varying dates. It is perhaps because his fundamental assumption is the subjective possession of an indomitable truth, situated by the artist in a kindred space where art and nature cohabit, that his thought appears at odds with reasoning, self-contained and apart, like glowing embers in the form of an offering.

In the final writings of his life, we can discover the trace of a man who, through his intuition, constantly evoked, lived in communion with a personal acttitude difficult to convey in words. Manrique saw and breathed in the inner music of his sense, the resonance of fulfilled life experience, incommunicable, as is often the case. The word, wild, nervous and immediate in Manrique, could never have served such a noble source, though somehow it did express it. An impassioned reading heightens the perception of his texts. When we consult them, we retrace the verbal itinerary of an artist who, in words, as a complement to his creative activity and to his attitudes, wanted to share with us some of the fire which warmed his blood and became, in his oeuvre, the incarnation of light.

FERNANDO GÓMEZ AGUILERA

Inhalt

Einführung	22
Vorwort zu dieser Auflage	31

Texte von Manrique

Der Mensch	39
Die Kunst	67
Die Natur	103
Biographische Angaben	127
Bibliographische Angaben	133

EINFÜHRUNG

BEDINGUNGSLOSE HINGABE

Gelegentlich hat César Manrique auch geschrieben. Im allgemeinen hat er sich dem Wort aus zwingenden Umständen zugewandt, aus der Notwendigkeit heraus, sich etwas von der Seele zu schreiben oder aus Anlass bestimmter öffentlicher Veranstaltungen. Mit Ausnahme der wenigen poetischen Texte und dem Schriftverkehr hat er seine ganz persönliche Seelenlandschaft, seine tiefsten Gefühle, nur selten zu Papier gebracht. Vielleicht ist dies auf ein verstecktes Schamgefühl zurückzuführen, das überrascht bei einem Künstler, der sich so radikal der Freiheit verschrieben hat. Dessenungeachtet hat er sich in den letzten Jahren seines Lebens Notizen aufgeschrieben, die sich auf die innersten Sphären seiner Persönlichkeit bezogen, vor allem in den Texten über seine kreative Welt und sein ganz besonderes Einverständnis mit der Natur. In jedem Falle bieten die uns erhaltenen Schriften von Manrique, die stets von einer kostbaren Transparenz sind, einen wertvollen Ansatz für das Verständnis einer menschlich und künstlerisch einzigartigen und leidenschaftlichen Vision und Erfahrung.

Die Schrift ist bei Manrique keine parallele intellektuelle Stütze zur plastischen Aktivität noch dient sie der theoretischen Entwicklung seiner kreativen Voraussetzungen in der Architektur eines Diskurses. Die konzeptuellen Bezüge auf sein Werk wurden direkt aufgezeichnet, als Feststellungen, ohne spätere Erweiterungen oder Einfügungen in ein theoretisches Gefüge. Seine Texte fügen sich in den Kontext einer eindringlichen gestisch geprägten Schrift, die aus einer wohltemperierten inneren, ausufernden Bewusstseinsströmung heraus entstand. Manrique schreibt ex abundantia cordis *und gewöhnlich mit einer markant sozialen Absicht. Seine Kommunikation ist apellativistisch strukturiert, anklagend oder heraufbeschörend; der Schrei einer in der Tiefe verwurzelten, abyssischen Stimme, die ihren Ursprung im kategorischen, ethischen Imperativ hat. Häufig suchte der Maler das Wort aus solidarischer Berufung zu seinem künstlerischen Auftrag, in seiner Eigenschaft als Autorität im Umwelt- und Landschaftsschutz, der Kunst ohne Grenzen. Wie ein Feuerball stösst er das Wort aus, als Verlängerung des impulsiven und bilderstürzerischen Menschen, der Manrique war: stets ist das Wort unmissverständliches Zeichen seiner Präsenz und kein Selbstzweck, kein in sich verliebter Buchstabe, der nur verführen will.*

Diese Eigenschaft hat eine leidenschaftliche, kumulative Ausdrucksform gefunden, die aus dem Übermass heraus entstanden ist. Manrique schrieb wie er sprach und folgte darin der allgemeinen Regel seiner Wörtlichkeit: ungestüm, aus einer einfordernden, mahnenden oder didaktischen Kausalität heraus; er wollte überzeugen, an die Öffentlichkeit gelangen, verteidigen. Seine Schriften klagen die sie nährende Conditio Humana an: ein Diskurs der Begeisterung und der Überzeugung, vehement, wie der Mensch, der sie vertrat. Folglich zeigt die Syntax Züge der Umgangssprache

auf: Anakoluthe, langatmige Sätze und Redundanzen sind häufig. Ein bestrickender, spontaner und sorgloser Ausdruck, der vermitteln will, was die Inbrunst und das offensichtliche Bedürfnis, eine militante Botschaft zu Papier zu bringen, postulieren. Seine Texte werden zu atemlosen Gebilden, zu Labyrinthen, die aus einem aktiven Willen der Verwandlung heraus entstanden.

Die Inhalte, die Manrique in seinen Schriften entwickelt, stellen eine Landkarte der künstlerischen, umweltspezifischen und sozialen Bezüge dar, die zum Kern seines Lebens und Schaffens geworden sind. Schriften, die seine unmissverständliche Stellung hinsichtlich der Umwelt, des Städtebaus und des Schutzes der verletzlichen kanarischen Landschaft im allgemeinen und derjenigen von Lanzarote im besonderen verteidigen und eine ganzheitliche Auffassung von Kunst und Natur vertreten, sind in der Mehrheit. Hier und dort lassen sich aber auch Notizen zur Lebenshaltung und zur künstlerischen Haltung des schöpferisch tätigen Menschen finden, der dem Süden nie den Rücken zugekehrt hatte.

Die Gedanken, die Manrique im Lauf seines Lebens schriftlich festgehalten hat, zeugen von der Kohärenz seines schöpferischen Universums und seiner künstlerischen Vorschläge. In ihrem Ausdruck drehen sie sich um den Rhythmus einer Spirale und kommen immer wieder auf die vom Künstler vertretenen Überzeugungen zurück: der Glauben an die Schönheit als höherer Zustand des Menschen; Zweckmässigkeit, in Einklang mit den Rhythmen der Natur zu leben; der Vorschlag einer totalen Kunst; die Berufung auf ein natürliches Modell; die Notwendigkeit des Menschen, sein inneres Zerwürfnis zu überwinden und in Versöhnung zu leben; die moralische Verpflichtung des Künstlers, die Umwelt zu verteidigen, mit didaktischer Berufung vorzugehen und einen Beitrag zum individuellen und kollektiven

Glücksgefühl zu leisten; das Erlebnis eines mystischen Pantheismus; der Schutz der kulturellen Identität und des Ursprünglichen im Dialog mit dem Universalen; die Konstruktion der Utopie; die Lobpreisung der Freiheit, der Kreativität und des Lebens ... Die ist eine der tragenden Säulen des verbalen Gebäudes von Manrique, das auf der Grundlage eines in sich geschlossen, verwachsenen Gedankengutes errichtet wurde, einem Geflecht von Essenzen, die fliegend zu Papier gebracht und nur selten vorsortiert wurden, sondern sich im Gegenteil beständig in der Unmittelbarkeit der Überstürztheit, der Redundanz und des Aufschreis verlieren. Nicht selten finden sich bestimmte Kernwahrheiten in verschiedenen Schriften in neuer Formulierung wieder. Einige der Gedanken tauchen sogar zu verschiedenen Zeitpunkten und im gleichen Wortlaut an verschiedenen Stellen wieder auf. Vielleicht aus diesem Grund, weil sein Ausgangspunkt jener des subjektiven Besitzes einer ungebändigten Wahrheit ist, die der Künstler in einen Raum stellt, in dem Kunst und Natur in ehelicher Gemeinschaft leben, zeigt sich uns sein Gedankengut ohne jedes Abwägen als ein abgerundetes, in sich geschlossenes Ganzes, eine dargebrachte Opfergabe.

Die letzten Schriften seines Lebens lassen das Antlitz eines Menschen erkennen, der aus der Intuition heraus, die er immer wieder heraufbeschwörte, im Seelenbündnis mit einer persönlichen Weisheit lebte, die sich schwerlich in Worten ausdrücken lässt. Manrique sah und lebte die innere Musik seiner Aussagen, der Resonanz einer in sich gehenden Lebenserfahrung, die, wie das in diesen Umständen der Fall zu sein pflegt, nicht mitteilbar ist. Das Wort, das bei ihm wild, kraftvoll und direkt ist, war kein Bett für diesen reichen Gedankenfluss, obwohl dieser durch das Wort in gewisser Weise zu ahnen ist. Ein lautes Vorlesen bereichert die Wahrnehmung der Texte von Manrique. Seine Schriften

wiederspiegeln das verbale Antlitz eines Künstlers, der über das Wort als Ergänzung seiner kreativen Tätigkeit ein paar Funken seines leuchtenden visionären Feuers mit uns teilen wollte.

FERNANDO GÓMEZ AGUILERA

EDICIÓN

La presente edición de fragmentos escritos por César Manrique no constituye un compendio de aforismos. Pretende este breve libro poner al alcance del gran público el cuerpo básico de las ideas, pasiones, realidades y sueños que alentaron su vida y su actividad artística. En buena medida, presentan fragmentariamente, a partir de los propios textos del artista, los presupuestos generales de referencia en que se sustenta su obra, su defensa de la naturaleza, sus convicciones y su actitud pública.

Para seleccionar los fragmentos se han manejado los escritos de Manrique que se conservan en el Archivo de la Fundación César Manrique, con excepción de los diarios y del epistolario. No se incluyen sus declaraciones públicas recogidas en la prensa, excepto dos entrevistas que se tienen en cuenta por estar

THIS EDITION

The present edition of written fragments by Manrique does not make up a compilation of aphorisms. This brief study hopes to offer the public at large the basic corpus of the ideas, passions, real forces and dreams which inspired the life and the creative activity of an exceptional artist. To a considerable degree, in fragmentary form, following the artist's texts, it presents the general reference structures on which his oeuvre, his environmental defense, his convictions and social attitude are based.

In order to compile the selection of fragments, the writings of Manrique kept at the Archives of the César Manrique Foundation have been examined, with the exception of his diaries and his epistolary. His public opinions in the press are not included, save for two interviews which have been considered because one of them was answered in

VORWORT

Vorliegende Ausgabe mit Textfragmenten von César Manrique ist keine Sammlung mehr oder weniger geistreicher oder tiefgründiger Aphorismen oder Sätze. Vielmehr möchte dieses kleine Buch einem breiten Publikum den Grundstock seiner Gedanken, Leidenschaften, Realitäten und Träume, die das Leben und die künstlerische Aktivität dieses ungewöhnlichen Schöpfergeistes beseelten, näher bringen. Sie gehen von den Texten des Künstlers aus und stellen zu einem guten Teil, in fragmentarischer Weise, die allgemeinen Vordersätze zu den Bezügen, auf die sein Werk abstützt, seine Verteidigung der Natur, seine Überzeugungen und seine öffentlichen Stellungnahmen dar.

Für die Auswahl der Fragmente wurden die Texte von Manrique, die im Archiv der César Manrique-Stiftung aufbewahrt werden, mit Ausnahme der Tagebücher und des Briefwechsels herbeigezogen. Nicht eingeschlossen werden seine

contestada una por escrito y por ser la segunda la última que César hizo en vida, con motivo de la exposición que realizó en la **Sala El Arenal de Sevilla**, dentro de las actividades de la Expo 92.

Buena parte de los textos ya ha sido publicada (1) o leída íntegramente en público. A ellos se han añadido otros extraídos de apuntes, notas, borradores o escritos inéditos hasta el momento, en su mayoría redactados durante los últimos años de vida del artista.

Los fragmentos se han agrupado bajo tres amplios epígrafes —hombre, arte, naturaleza—, sin que ello signifique establecer compartimentos estancos. El carácter unitario y globalizador del pensamiento artístico y ecológico de Manrique provoca el diálogo permanente y la fraternidad

written form and the other was the last he ever gave. This was at the exhibition held at Sala El Arenal in Seville, within the activities of Expo 92.

Many of the texts have already been published or read during public events (1). To them we have added others extracted from notes, drafts or unpublished material, mostly written during the final years of the artist's life.

The fragments have been organized under three general titles: man, art and nature. This does not in any way presuppose the establishment of exclusive categories. The unitary and globalizing character of Manrique's ecological and artistic thought stimulates fertile dialogue and the familiarity between texts causes constant interrelations. The reader can himself interchange them at his leisure. Our ordering is only a general indication.

in der Presse veröffentlichten Erklärungen, mit Ausnahme von zwei Interviews, die berücksichtigt wurden, weil das eine schriftlich beantwortet wurde und das andere zugleich das letzte ist, das er in seinem Leben gegeben hat, und zwar aus Anlaß der Ausstellung im El Arenal-Saal von Sevilla, im Rahmen der Veranstaltungen der Expo 92.

Ein Grossteil der Texte sind bereits veröffentlicht (1) oder in der Öffentlichkeit vollständig vorgelesen worden. Hinzu kommen Auszüge aus Notizen, Skizzen, Entwürfen und Schriften, die bis zum heutigen Zeitpunkt unveröffentlicht geblieben sind und in ihrer Mehrheit aus den letzten Jahren des Lebens der Künstlers stammen.

Die Fragmente sind nach drei weit gefassten Themenbereichen eingeordnet worden: der Mensch, die Kunst und die Natur. Zwischen den verschiedenen Bereichen gibt es keine Abschottungen. Der ganzheitliche Charakter des

de unos textos con otros, deslizamientos constantes. El lector puede trasladarlos a su gusto y conveniencia. Nuestra ordenación no constituye más que una propuesta indicativa.

Al final del libro, en el apartado de notas bibliográficas, se reseña la procedencia de cada fragmento. Algunos de los textos que se conservan en los archivos de la Fundación César Manrique aún no han sido catalogados ni siquiera provisionalmente. Cuando se extrae algún fragmento de uno de esos textos inéditos, la referencia se hace mediante una descripción indicativa del documento. En los demás casos, se deja constancia de su existencia en los archivos, consignando la referencia de localización y se remite además a las obras en las que se encuentran publicados.

En la presente edición hemos transcrito los textos

At the end of the book, in the bibliographical notes, the source of each fragment is given. Some of the texts kept at the Archives of the César Manrique Foundation have not been even provisionally catalogued. When a fragment is one of these unpublished texts, the reference is provided in the form of a description of the document. In all other cases, archive indentification is provided, giving serial numbers along with details of publication.

In the present edition, we have transcribed the texts, correcting spelling and syntax, while respecting the original meaning to the full. When, occasionally, it has been necessary to clarify the construction of a sentence due to the inexact usage of a prepositional phrase or some particular structure, this has been done whenever the correct interpretation of the meaning has so required. Some

künstlerischen und ökologischen Gedankenguts von Manrique provoziert den ständigen Dialog und die Verbrüderung der Texte untereinander, in immer wieder neuen Variationen. Der Leser kann sie nach eigenem Gutdünken übertragen. Unsere Einordnung soll einzig ein Anhaltspunkt sein.

Am Ende des Buchs werden unter den bibliographischen Notizen die Quellen der verschiedenen Fragmente angegeben. Einige der Texte von Manrique, die im Archiv der César Manrique-Stiftung aufbewahrt werden, sind noch nicht einmal ansatzweise katalogisiert worden. Auszüge aus diesen unveröffentlichten Schriften werden mit einem entsprechenden Vermerk zur Unterlage versehen. In den übrigen Fällen erfolgt ein Hinweis auf das Archiv mit Quellenangabe und Verweis auf die Werke, in denen sie veröffentlicht wurden.

Vorliegende Ausgabe enthält eine korrigierte Version der Texte,

corrigiéndolos tanto en la ortografía de la palabra como en la de la frase, pero con absoluto respeto a su sentido originario. Se ha optado por la unificación ortográfica —normativa— de los términos *arte* y *naturaleza,* que en los textos de Manrique aparecen indistintamente escritos con mayúscula o minúscula inicial. Cuando, ocasionalmente, ha sido necesario aclarar la construcción de alguna frase debido al uso inexacto de algún giro preposicional o de otra estructura, se ha hecho, siempre y cuando afectara a su recta interpretación. Algunas apoyaturas de lectura que compensan las dificultades de interpretación debido al fragmentarismo se hacen entre corchetes.

extra information to compensate the difficulties of interpretation owing to the fragmentary nature of the writing has been included in square brackets.

was Rechtschreibung und Syntax anbetrifft. Die Korrekturen nehmen jedoch Rücksicht auf eine unverfälschter Wiedergabe der ursprünglichen Botschaft. Dort wo eine Läuterung der Satzkonstruktion erforderlich wurde, angesichts eines ungenauen Einsatzes eines Präpositionalgefüges oder einer anderen Satzkonstruktion, geschah dies einzig im Interesse einer richtigen Auslegung. Erläuternde Anmerkungen zum Kontext der Textfragmente erfolgen in Klammern.

---

(1) **En 1988 Lázaro Santana recogió y editó íntegramente veintiséis textos de Manrique. *ESCRITO EN EL FUEGO,* Las Palmas de Gran Canaria, Edirca, 1988.**

(1) In 1988 Lázaro Santana collected and edited in complete version twenty-six texts by Manrique. Ed. *ESCRITO EN EL FUEGO,* Las Palmas de Gran Canaria, Edirca, 1988.

(1) 1988 veröffentlichte Lázaro Santana eine Auswahl von 26 vollständig wiedergegebenen Texten von Manrique. ESCRITO EN EL FUEGO, Las Palmas de Gran Canaria, Edirca, 1988.

Piensa el sentimiento, siente el pensamiento
MIGUEL DE UNAMUNO

...como si empezáramos a pensar con el corazón
HUGO VON HOFMANNSTHAL

Think out feeling and feel out thought
MIGUEL DE UNAMUNO

...as if we were to begin to think with our hearts
HUGO VON HOFMANNSTHAL

Denke das Gefühl, fühle den Gedanken
MIGUEL DE UNAMUNO

...als wenn wir mit dem Herzen dächten nach
HUGO VON HOFMANNSTHAL

Textos de Manrique

Texts by Manrique

Texte von Manrique

El Hombre Renovación del asombro
Man The renewal of wonder
Der Mensch Neues Erstaunen

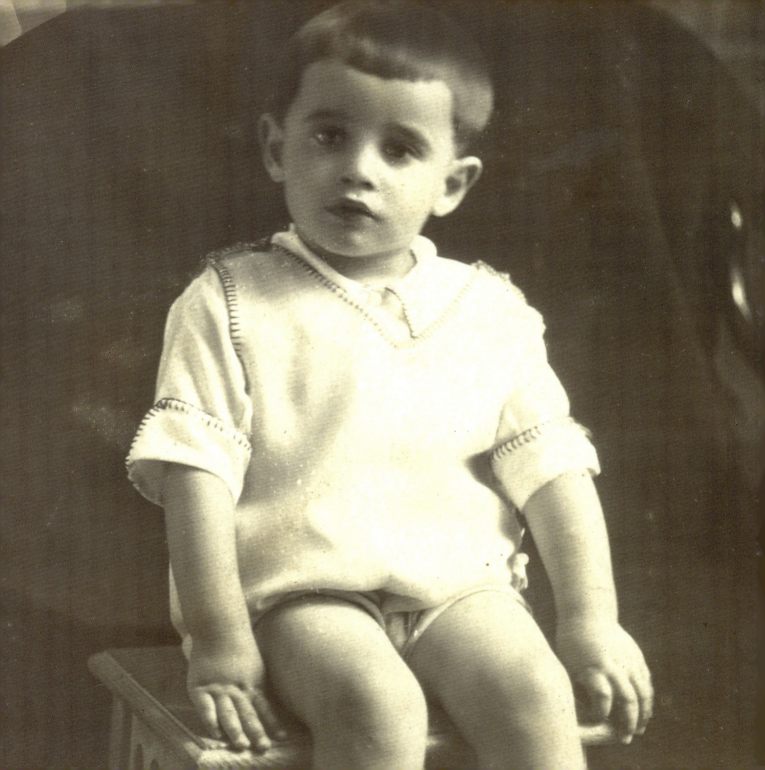

1 La consciencia del milagro de la vida y su brevedad me han hecho ver claramente que el sentimiento trágico de nuestra existencia nos empobrece.

2 Lo único importante es el gran misterio de la vida y el propio hombre con su inagotable imaginación y sus infinitas maneras de hacer.

3 Tenemos que observar y aprender de las energías de la vida.

4 […] hay un fenómeno que tenemos la obligación de difundir, que es, sencillamente, enseñar a VER […].

5 De cualquier forma, cuando un ser no es capaz de amar, de realizarse creativamente, está en manos de la destrucción.

César Manrique. 1921

1 The awareness of the miracle of life and its brevity have made me see clearly that we are impoverished by the tragic sentiment of our existence.

2 The only important reality is the great mystery of life and of man with his inexhaustible imagination and his infinite ways of acting.

3 We must observe and learn from the energies of life.

4 […] there is a phenomenon which we are forced to communicate: simply, to teach how to to SEE […].

5 However you behold it, when a person is incapable of loving, of fulfilling himself creatively, he is under the aegis of destruction.

César Manrique. 1921

1 Das Bewusstsein über das Wunder des Lebens und seine Vergänglichkeit haben mir deutlich gezeigt, wie sehr uns das tragische Gefühl unserer eigenen Existenz verarmen lässt.

2 Das einzig Wichtige ist das grosse Wunder des Lebens und der Mensch mit seiner unerschöpflichen Vorstellungskraft und seinem unendlichen Schaffen.

3 Wir müssen beobachten und von den Energien des Lebens lernen.

4 […] es gibt ein Phänomen, das wir lehren und verbreiten müssen, nämlich die Kunst zu SEHEN […].

5 Wer nicht, in welcher Weise auch immer, fähig ist zu lieben und sich schöpferisch selbst zu verwirklichen, ist der Zerstörung preisgegeben.

César Manrique. 1921

César Manrique con sus hermanos. Años 30
César Manrique with his brothers and sisters. In the Thirties
César Manrique mit seinen Brüdern. Dreißiger Jahre

6 Siempre he desertado de las recetas que señalan el camino de la utopía. La utopía, hoy creo intuirlo, es un camino interior. Mi entusiasmo es el único, en todo caso, capaz de hacerme indicaciones aproximadas.

7 Todo se puede corregir. Depende del entusiasmo, de tener una verdad entre las manos y una valiente y honrada decisión. El único inconveniente, y eso ya lo sabe todo el mundo, es cuestión de compra y venta.

8 Todos los objetivos del ojo son diferentes, pero lo importante es ser visto, ser contemplado. Hay una intencionalidad en el entorno, como una provocación narcisista […].

9 En el fondo de la cuestión, todo se puede mover a través de una gran pasión, de un

6 I have never followed the signs indicating the road to Utopia. Utopia, I do presently believe, is an inner path. My enthusiasm, in any case, is the sole force that can guide me approximately.

7 All can be corrected. It depends on enthusiasm, on grasping truth with your hands and on a brave, honest decision. The only drawback, as everybody knows, is a question of buying and selling.

8 All the focal points of the eye differ; what is important is to be seen, to be contemplated. There are intentions all around, narcissistic provocation […].

9 At the very heart of things, all can be set in motion by great passion,

6 *Den Anleitungen auf dem Weg zur Utopie bin ich immer aus dem Weg gegangen. Utopie ist, so ahne ich heute, ein innerer Weg. Meine Begeisterung ist in jedem Fall der einzige ansatzweise brauchbare Wegweiser.*

7 *Alles lässt sich korrigieren. Ausschlaggebend ist allein die Begeisterungsfähigkeit, eine Wahrheit, in deren Besitz man ist und eine mutige und ehrliche Entscheidung. Der einzige Nachteil, und das weiss jeder, ist eine Frage des Angebots und der Nachfrage.*

8 *Jedes Objektiv des Auges ist anders, wichtig ist allein, gesehen und betrachtet zu werden. Es gibt in der Umgebung einen Vorbedacht, eine narzisstische Provokation […].*

9 *Im Grunde genommen lässt sich mit einer grossen Leidenschaft, einer grossen*

gran amor y de una entrega total.

10 El encantamiento y el impulso para la entrega de la observación es la clave para el análisis.

11 Lo importante es la mera atracción emocional de lo que se encuentra frente a uno mismo y la frescura de su solución: el poder de comunicar en ese espacio de la mirada.

12 […] el Atlántico, maestro mío, lección suprema y constante de entusiasmo, de pasión y de libertad.

13 Mi capacidad de observación era constante en estos veranos del norte de la isla con intenso sabor de mar y de intenso sol, de mis días infantiles en La Caleta.

14 Yo nunca pude imaginar el éxito de esta casa [Taro de

César Manrique pintando el mural "Viento" del Parador Nacional de Turismo de Arrecife. Lanzarote. 1950

great love and utter devotion.

10 Wonder and the impulse which leads us to observation are the secret of analysis.

11 What is important is the sheer emotional attraction of that which lies before us and the spontaneity of the solution: the power of communication within a look.

12 […] the Atlantic, my true master, a supreme, constant source of enthusiasm, passion and freedom.

13 My capacity of observation was unflagging during those summers on the north of the island, with an intense taste of the sea, an intense sun, in my childhood days spent at La Caleta.

14 I was unable to imagine the success of this house [Taro de

César Manrique painting the mural "Viento", at the Arrecife *Parador*. Lanzarote. 1950

Liebe und einer völligen Hingabe alles bewegen.

10 Verzauberung und Impuls sind der Schlüssel für die Analyse.

11 Wichtig ist die reine, emotionale Anziehung dessen, was man vor sich hat und die Unverbrauchtheit der Lösung: die Macht in diesem Raum des Blickes zu dialogieren.

12 […] der Atlantik, mein Meister, die höchste und beständige Lehre der Begeisterung, Leidenschaft und Freiheit.

13 Während dieser Sommer auf der Nordseite der Insel, mit ihrem intensiven Meeresgeruch und der brennenden Sonne, meiner Jugend in La Caleta, war die Beobachtungsgabe mein konstanter Begleiter.

14 Den Erfolg dieses Hauses [Taro de Tahíche, Sitz der César

César Manrique malt das Wandbild "Viento" im Parador Nacional de Turismo von Arrecife. Lanzarote. 1950

Tahíche, actual sede de la Fundación César Manrique], ya que para mi era natural.

15 **Siempre quiero cantar un himno a la VIDA, al darme cuenta que yo mismo soy testigo de esa casualidad de haber surgido a la vida para poder contemplar fascinado el gran y solemne espectáculo de toda esa maravillosa energía, que por un solo y corto espacio de tiempo no volverá a repetirse jamás.**

16 **La creación de banderas, fronteras, himnos, religiones y organizaciones políticas ha contribuido a la parálisis progresiva de cualquier intento de convivencia sana y apacible.**

17 **Hay que abandonar toda idea divisionista y apelar a la sensatez común.**

18 **Lucho en contra de las etiquetas, de los patrones**

Tahíche, the present site of the César Manrique Foundation], since for me it was so natural.

15 I want to sing a hymn to LIFE forever, realizing that I myself am a witness of the change which has brought me to life in order to wonder at the great, solemn
spectacle of such a marvellous energy
which, just for one, fleeting moment, shall never be repeated again.

16 The creation of flags, borders, anthems, religions and political organizations has contributed to the progressive paralysis of any sane, peaceful effort of human coexistence.

17 We must forsake all separatist ideas
and call upon
common sense.

18 I fight against labels, against cultural

Manrique-Stiftung] hätte ich nie erwartet. Für mich war es natürlich.

15 *Schon immer habe ich dem LEBEN seinen Lobgesang singen wollen und bin mir bewusst, dass ich Zeuge eines Zufalls bin, auf der Welt zu sein, um dem grossartigen und feierlichen Schauspiel dieser wundervollen Energie fasziniert beizuwohnen, für einen einzigen und kurzen Augenblick, der nie wiederkehren wird.*

16 *Die Erschaffung von Fahnen, Grenzen, Hymnen, Religionen und politischen Organisationen hat zur progressiven Lähmung jedes Versuchs eines gesunden und friedlichen Zusammenlebens geführt.*

17 *Jeder Gedanke einer Teilung muss aufgegeben und an den gesunden Menschenverstand appelliert werden.*

18 *Ich kämpfe gegen Etikette, kulturelle*

culturales y de toda homogeneidad.

19 Creo que lo único inteligente es tener esa conciencia del instante de una vida, para jugar con este maravilloso y fantástico experimento y poderse reír de las ingenuidades, de lo llamado importante […].

20 Me pregunto muchas veces: ¿Dónde está la perfección? Pero en este juego es donde lleno mi alma, al enfrentarme al desconocimiento de lo infinito.

Esta es la causa para hacer de la vida un juego y saltar por encima de las recetas de los prejuicios y de esas torpes normas que han ensuciado el sentimiento.

21 La eternidad es un segundo y un segundo es la eternidad.

22 El comprender la belleza y el saber de su armonía es

models and against all uniformity.

19 I believe that true intelligence is to have an awareness of the moment of a whole existence, in order to play with this marvellous and fabulous experiment and to be able to laugh at foolishness, at what is called important […].

20 I often ask myself: where is perfection? Yet, this game replenishes my soul when I confront the unknown of infinity.

This is how life can become a game, enabling one to jump beyond the dictates of prejudice and the clumsy rules that have tarnished sentiment.

21 Eternity is but a second and a second is eternity.

22 To understand beauty and to know its harmony is the

Modelle und jede Vereinheitlichung.

19 Das einzige Intelligente ist das bewusste Erleben des Augenblicks im Leben, um mit dieser wunderbaren und phantastischen Erfahrung zu spielen und über die Naivität des sogenannt Wichtigen zu lachen […].

20 Oft frage ich mich: Wo ist die Perfektion? In diesem Spiel fülle ich meine Seele, in meiner Konfrontation mit der Unbekannten des Unendlichen.

Das ist der Grund dafür, um aus dem Leben ein Spiel zu machen und sich über die Anleitungen zum Vorurteil und die schwerfälligen, das Gefühl schändenden Vorschriften hinwegzusetzen.

21 Die Ewigkeit ist eine Sekunde und eine Sekunde ist die Ewigkeit.

22 Das Verständnis der Schönheit und das Wissen um ihre Harmonie

En su estudio de la calle Covarrubias. Madrid. Años 50

At his study in calle Covarrubias, Madrid. In the Fifties

In seinem Atelier in der Straße Covarrubias. Madrid. Fünfziger Jahre

la clave del secreto universal. Ella nos eleva a los estratos superiores y nos impone la atención hacia el desarrollo de la energía de la vida, las plumas simples de las aves, la increíble finura del ala de una mosca, el complicado mecanismo de un ojo, la concisa estructura de las fibras de una hoja seca.

23 Ya sabemos sencillamente del bien y del mal. Todo es demasiado simple. Hacer bien es crear felicidad. Hacer mal es crear dolor.

24 Por la noche hablo con las estrellas y, sin entender ni comprender nada, doy las gracias por el enorme y fascinante espectáculo que tengo continuamente ante el magnífico aparato de mis ojos.

25 No debemos desfallecer, hay que seguir adelante, estar vigilantes y mantener viva la conciencia crítica, pues el

key to the universal secret. Beauty elevates us to the superior states and beckons us to concentrate on the development of life energy, on the mere fluttering of birds' feathers, on the unbelievable intricacy of a fly's wing, on the complex mechanism of the eye, on the concise structure of the veins in a dry leaf.

23 We already know, in a simple way, about good and evil. It is all almost too simple. To do good is to generate happiness. To do evil is to generate pain.

24 At night, I speak to the stars and, without understanding anything, I give thanks for the vast and fascinating vision which constantly besets the wondrous machine of my eyes.

25 We must not lose heart, we must press on, remaining alert and keeping critical awareness alive, for the future

ist der Schlüssel zum Geheimnis der Welt. Sie leitet uns in höhere Sphären und lenkt unsere Aufmerksamkeit auf die Entwicklung der Energie des Lebens, das Gefieder eines Vogels, die unglaubliche Feinheiten des Flügels einer Fliege, den komplizierten Mechanismus eines Auges, die feine Nervatur eines trockenen Blattes.

23 Über das Gute und das Schlechte wissen wir zur Genüge Bescheid. Alles ist zu einfach. Gutes zu tun, bedeutet Glück verbreiten. Schlechtes zu tun, schafft Leid.

24 Nachts spreche ich mit den Sternen. Ohne etwas zu verstehen, danke ich für das überwältigende und faszinierende Schauspiel, das ich beständig vor dem grossartigen Apparat meiner Augen habe.

25 Wir dürfen nicht den Mut verlieren. Wir müssen weitergehen, wachsam bleiben und unser kritisches Bewusstsein wach

Pintando el mural del Cine Princesa. Madrid. 1955

Painting the Princesa Cinema mural. Madrid. 1955

Beim Malen des Wandbilds vom Kino Princesa. Madrid. 1955

Exposición en la galería Catherine Viviano. Nueva York. 1966
Exhibition at the Catherine Viviano Gallery. New York. 1966
Ausstellung in der Galerie Catherine Viviano. New York. 1966

futuro nunca está conseguido, lo tenemos que hacer desde el presente.

26 Vivimos tan corto espacio de tiempo sobre este planeta, que cada uno de nuestros pasos debe estar encaminado a construir más y más el espacio soñado de la utopía. Construyámoslo conjuntamente: es la única manera de hacerlo posible.

27 La verdad absoluta no existe. Lo mejor es hacer de la vida una investigación como juego, ante algo tan desconocido y fascinante como la propia existencia.

28 *La tolerancia de todo un pueblo resignado ante el capricho y la hediondez militante de los responsables debe tocar a su fin* [En cursiva en el original].

29 Un pueblo sin tradición está condenado a morir.

has never been conquered and we must fashion it from the present.

26 Our life on this planet is so brief that every step we take must be a further contribution to the ideal space of Utopia. Let us build the space together: it is the only way to make it possible.

27 Absolute truth does not exist. It is best to turn life into an exploratory game in the face of something so unknown and fascinating as our own existence.

28 *The tolerance of a nation which is resigned to the whims and the rampant foulness of those who are responsible must come to an end.* [In italics in the original].

29 A nation without tradition is destined to disappear.

erhalten, weil wir die Zukunft nie einholen werden und von der Gegenwart aus schaffen müssen.

26 *Unser Leben auf Erden ist so kurz, dass jeder unserer Schritte darauf hinführen muss, den erträumten Raum Utopia zu erbauen. Bauen wir es gemeinsam. Darin besteht die einzige Möglichkeit, es wahr zu machen.*

27 *Die absolute Wahrheit existiert nicht. Am besten machen wir aus dem Leben eine verspielte Nachforschung, angesichts der Faszination und Unbekannten zur eigenen Existenz.*

28 Die Toleranz eines ganzen resignierten Volkes zu den Launen und dem militanten Gestank der Obrigkeit muss ein Ende nehmen *[Original in Kursivschrift]*.

29 *Ein Volk ohne Tradition ist zum Tode verurteilt.*

30 La pregunta: ¿Quiénes son los responsables?

31 Siempre he buscado la motivación de mí mismo, he querido conocerme, pero la respuesta del instinto ha sido, invariablemente, la negación. La oscuridad se ha hecho fuerte para no revelarme el resultado final de mi historia. Comprendo ahora que ese celo del instinto ha sido el argumento principal de mi vida, el impulso permanente el asombro.

32 Y por ella [la vida] he avanzado al margen de prejuicios. Sé que he pagado un precio, pero no me arrepiento.
He sido un hombre libre y feliz: no hay destino más hermoso; y, desde luego, no me preocupa que los haya más literarios.

33 Desde siempre mi curiosidad ha sido lo que ha marcado mi trayectoria, lo que

Con Manolo Millares. Lanzarote. 1966

---

30 The question is: who are those responsible?

31 I have always pursued my own motivation, I have wanted to know myself; yet, instinct's answer has invariably been denial. Darkness has braced itself so as not to reveal the final outcome of my story. I understand now that instinct's fervour has been the main argument of my life, the permanent impulse of wonder.

32 And I have advanced through life without prejudices. I know that I have paid a price but I do not regret it. I have been a free and happy man: there is no lovelier fate; and, of course, it does not bother me if others are more literary.

33 Curiosity has always determined my direction and enriched my soul, to acquire

With Manolo Millares. Lanzarote. 1966

---

30 Frage: Wo sitzen die Verantwortlichen?

31 Ich habe nach der Motivation von mir selbst gesucht, wollte mich kennenlernen, aber die Antwort des Instinktes war stets die Verneinung. Die Dunkelheit ist über mich hereingebrochen, um mir den endgültigen Ausgang meiner Geschichte zu verhüllen. Heute verstehe ich, dass dieser Eifer des Instinktes das Hauptargument meines Lebens war, der beständige Impuls des Erstaunens.

32 Ihm [dem Leben] zuliebe habe ich mich am Rande der Vorurteile bewegt. Den Preis habe ich bewusst bezahlt, aber ich bereue nichts. Ich bin ein glücklicher und freier Mensch gewesen: es gibt kein schöneres Schicksal; und dass es literarischere geben könnte, beunruhigt mich jedenfalls nicht.

33 Mein Lebensweg war stets von meiner Neugier gekennzeichnet und hat meine Seele

Zusammen mit Manolo Millares. Lanzarote. 1966

ha enriquecido mi alma, para saber y meterme en todos los resquicios de la tierra con mirada escrutadora, con mirada analítica de búsqueda total, en las infinitas formas, texturas y colores, en una constante revelación y, sobre todo, con una fascinación difícil de explicar, al entender que en ese placer de observación había en mí una especie de integración y de comprensión absoluta. La naturaleza me daba generosamente lo que otros no veían ni entendían.

34 ¿Cuándo será consciente el hombre de su torpeza suicida, rentable pero mortal?

35 A medida que avanzamos retrocedemos.
El final no nos
queda lejos.

36 Todo está ya descubierto por el universo. Ahora solamente nos queda ser más

knowledge and penetrate every nook and cranny of the earth with an inquisitive gaze, with an analytical, ever-searching look at infinite forms, textures and colours in perennial revelation and, above all, filled with a wonder difficult to explain, understanding that, in the pleasure of observation, there dwelt in me a kind of integration and absolute knowing. Nature generously gave me what others could neither see nor understand.

34 When will man become aware of his suicidal stupidity, profitable yet fatal?

35 As we advance, we also move backwards.
The end is
not so far away.

36 The universe has already discovered all things. All we have to do now is be more

bereichert, um mit einem prüfenden Blick, mit einem analytischen Blick der totalen Suche in alle verborgenen Winkel der Erde vorzudringen, in die unzähligen Formen, Texturen und Farben, in eine stetige Offenbarung und vor allem in eine schwer zu erklärende Faszination, mit der Erkenntnis nämlich, dass diese Beobachtungslust vollständige Integration und Verständnis waren. Die Natur hat mir grosszügig gegeben, was andere weder sahen noch verstanden.

34 Wann endlich wird sich der Mensch seiner selbstmörderischen, rentablen aber tödlichen Plumpheit bewusst werden?

35 In dem Masse, wie wir vorwärts schreiten, fallen wir wieder zurück. Das Ende liegt nicht weit von uns.

36 Die Welt hat bereits alles entdeckt. Bliebe uns einzig übrig, etwas demütiger zu

Con el poeta Rafael Alberti

With the poet Rafael Alberti

Zusammen mit dem Dichter Rafael Alberti

humildes, reconocer nuestras propias limitaciones y tratar por todos los medios de ir tomando lecciones de la experiencia de millones de siglos de este magnífico equilibrio del espacio que nos ha tocado vivir.

37 En medio de su orgullo [el hombre] ha querido siempre imponer su sistema a los demás a través de fronteras, banderas, nacionalidades, religiones, sistemas políticos, grupos armados, superestructuras mentales y un largo etc. de recetas sociales y políticas que no tienen nada que ver con los principios elementales y biológicos que rigen la naturaleza y que han encadenado a la especie a un destino sin norte, incapaz de hacernos ver un futuro de felicidad.

38 Al fin y al cabo, son los especuladores, los asesinos del pensamiento, los que han conducido a la humanidad a la confusión,

Saltando a la comba. China. 1976

humble, acknowledge our own limitations and try by all means to learn from the experience of millions of centuries of this marvellous spatial harmony which it has been our fate to discover.

37 Arrogantly, man has always wanted to impose his system on others through borders, flags, nationalities, religions, political systems, armed forces, mental superstructures and many more social and political formulas which have nothing at all to do with the elementary, biological principles governing nature. They have chained the human race to an uncertain destiny, incapable of making us imagine a future of happiness.

38 After all, it has been the speculators, the murderers of thought, who have led humanity to confusion,

Skipping. China. 1976

werden, unsere eigenen Grenzen zu erkennen und mit allen Mitteln zu versuchen, aus der Erfahrung der Jahrmillionen dieses herrlichen Gleichgewichts des Raums, in dem wir leben, zu lernen.

37 *In seinem Stolz hat der Mensch stets versucht, dem anderen sein System aufzuzwingen, über Grenzen, Fahnen, Nationalitäten, Religionen, politische Systeme, bewaffnete Milizen, geistige Überstrukturen und unzählige soziale und politische Ideologien, die nichts mit den wesentlichen biologischen Grundsätzen der Natur gemeinsam haben und den Menschen an ein Schicksal ohne Ziel ketten, das unfähig ist, ihm den Weg in eine glückliche Zukunft zu weisen.*

38 *Schliesslich sind es die Spekulanten, die Mörder des Gedankens, welche die Menschheit in die Konfusion, in die Enttäuschung und in die*

Beim Seilspringen. China. 1976

al desencanto y
a la desesperanza de un
futuro suicida.

39 **La denuncia y la protesta siempre es positiva y válida cuando va cargada de razón y como recuperación de lo justo […].**

40 **Hay una lúcida advertencia de Nietzsche: "El desierto crece". ¡Y ay de aquél que lleva el desierto en su seno!**

41 **Creo que hay que potenciar urgentemente las características de cada lugar del planeta, si no, tendremos en el futuro próximo una cultura estándar aburrida y sin posible fantasía de creatividad.**

42 **Se debe responder, si hay sencillamente honestidad y verdadero amor por nuestras islas, demostrándolo con el trabajo y con hechos evidentes, denunciando, condenando y luchando por**

Con Miró y Gordillo. Madrid. 1983

disillusion
and the hopelessness of a
suicidal future.

39 Protest and accusation are always positive and valid when they are justified by plenty of reason and by the recovery of what is fair […].

40 Nietzsche issued a lucid warning: «The wilderness grows». Woe to him who carries the wilderness in his bosom!

41 I believe that we must promote quickly the characteristic differences of every place on the planet. Otherwise, in the near future, we will have a boring, standard culture, lacking in all creative imagination.

42 We must provide answers, if true love and honesty towards our island are really going to exist. We must back this up with our work and purposeful deeds, decrying, condemning and

With Miró and Gordillo. Madrid. 1983

Hoffnungslosigkeit einer selbstmörderischen Zukunft geführt haben.

39 *Protest und Anklage sind immer positiv und brauchbar, wenn sie Sinn haben und eine gerechte Sache einfordern […].*

40 *Nietzsche warnt hellsichtig: die Wüste wächst. Wehe dem, er die Wüste in seiner Brust trägt.*

41 *Ich glaube, die Eigenheiten jedes Orts auf dem Planeten müssen unbedingt gefördert werden, sonst leben wir in absehbarer Zukunft in einer langweiligen Standardkultur ohne jede schöpferische Phantasie.*

42 *Wenn wir unsere Inseln wirklich und aufrichtig lieben, müssen wir dies mit unserer Arbeit und erkennbaren Handlungen beweisen und uns in jeder uns möglichen Weise für*

Zusammen mit Miró und Gordillo. Madrid. 1983

mejorar en todo lo que podamos intervenir, ya que un artista de este momento debe aplicar todas sus posibilidades y talento a la vida.

43 El mayor negocio de un país es su educación.

44 El hombre, enaltecido por su orgullo desmedido, ha impuesto un sistema de valores caducos, que sólo ha servido para aniquilar su propio sistema de vida.

45 Me considero, y siempre lo he sido, un ser libre que ha roto siempre cadenas y ataduras que empobrecen el alma y la vida.

46 […] pienso que la vida es un gran y perfecto experimento,
que vale
la pena jugar con ella,
como inteligente
manera y
único recurso de saberla ver.

fighting to better all things in which we can intervene, for an artist of this time must apply all his talent and all his abilities to life.

43 A country's biggest business is its education.

44 Man, swollen by his unchecked pride, has imposed a system of redundant values, serving only to annihilate his own life system.

45 I consider myself to be a free individual, as I have always been, constantly breaking the chains and fetters which erode the soul and life.

46 […] I believe life is a great, perfect experiment. It is worth toying with as the only intelligent manner and the only chance of being able to observe it.

eine Besserung einsetzen, weil ein Künstler heute alle seine Möglichkeiten und sein Talent für das Leben einsetzen muss.

43 Das Einträglichste eines Landes ist seine Erziehung.

44 In seinem masslosen Stolz hat der Mensch ein System hinfälliger Werte geschaffen, das einzig dazu gedient hat, sein eigenes System zu zerstören.

45 Ich habe mich schon immer als einen freien Menschen erachtet, der Ketten gesprengt und sich von den Fesseln, die Leben und Seele verarmen, losgerissen hat.

*46 […] ich denke,
das Leben ist
ein grossartiges und
vollkommenes Experiment,
das die Mühe lohnt, mit ihm
zu spielen, als intelligente
und einzige
Weise, es zu betrachten.*

47 La presencia directa de vivir y sentir estas realidades plenas de un sentimiento no tiene nada que ver con las imágenes fotográficas presentadas [fotografías del libro *Manrique,* Edición Braus], que solamente pueden dar una idea aproximada de la realidad. Lo verdaderamente importante es estar y vivir estos espacios, pudiendo entonces entender lo que podría ser factible para la integración de una forma viva con el arte.

48 Tenemos, ahora más que nunca, que luchar para borrar la reinante vulgaridad cotidiana, para afrontar con claridad y calidad una educación que enriquezca a los hombres a través de la cultura y del arte.

49 Siempre he sido profundamente confiado y eso me ha dado, como consecuencia natural, un enorme optimismo que me ha llevado siempre a la

47 The direct impact of experiencing and feeling these realities flowing with sentiment has nothing to do with the photographic images presented [the photographs of the book *Manrique,* Braus edition]. They can provide only an approximate idea of reality. The truly important thing is to be in these spaces and experience them, thus acquiring the capacity to understand what coud be a potential formula for the integration of art and life.

48 Now, more than ever before, we have to fight in order to erradicate dominant humdrum vulgarity, to undertake with clarity and quality an education to enrich man through art and culture.

49 I have always been deeply trusting. This has endowed me, as a natural consequence, with a great optimism which

47 Die direkte Präsenz des Lebens und Fühlens der vollkommenen Realitäten eines Gefühls hat nichts mit den photographischen Abbildungen [Photographien des Buchs Manrique, *Edición Braus*] gemeinsam. Letztere vermitteln nur eine annähernde Idee der Realität. Das wirklich Wichtige besteht in der Anwesenheit und im Erleben dieser Räume, wodurch verständlich wird, was für die Integration einer lebenden Form mit der Kunst machbar wäre.

48 Es gilt heute mehr denn je, gegen die vorherrschende Vulgarität des täglichen Lebens zu kämpfen, um eine solide Erziehung, die den Menschen über die Kultur und die Kunst bereichert, mit aller Deutlichkeit aufzunehmen.

49 Ich habe stets tiefes Vertrauen gehabt. Das hat mir als natürliche Folge einen enormen Optimismus gegeben, der mich stets zur Suche einer

Defensa de una playa. Lanzarote. 1988
Defending a beach. Lanzarote. 1988
Verteidigung eines Strands. Lanzarote. 1988

búsqueda de una relativa perfección. El hombre, enaltecido por su orgullo desmedido, ha impuesto un sistema de valores caducos que sólo ha servido para aniquilar su propio sistema de vida.

50 Sin embargo [y esto para mí es lo más importante] creo haber entendido la armonía del universo y la perfección de la creación en todo el mundo del arte.

51 La muerte me parece una maravilla; el saber que me voy a morir me permite crear el momento. Es como un divertimento porque no tengo la responsabilidad de seguir existiendo, que en un momento determinado me evadiré.

La muerte es la gran evasión para poder tener tú el atrevimiento, en el corto espacio de la vida, de poder hacer las mayores cosas atrevidas y divertidas.

has led me always to search for relative perfection. Man, swollen by his unchecked pride, has imposed a sytem of redundant values serving only to annihilate his own vital system.

50 However [and this, for me, is the most important], I think I have understood the harmony of the universe and the perfection of creation throughout the universe of art.

51 Death seems a marvel to me; to know that I am going to die enables me to create the moment. It is like a passtime because I abandon the responsibility of carrying on with existence, knowing that, at a given moment, I will vanish.

Death is the great escape which allows us, during the brief time of life, to do the most amusing and daring things.

relativen Perfektion verleitet hat. In seinem masslosen Stolz hat der Mensch ein System hinfälliger Werte geschaffen, das einzig dazu gedient hat, sein eigenes System zu zerstören.

50 Ich glaube aber [und das ist für mich am wichtigsten], die Harmonie des Universums und die Perfektion der Schöpfung in der ganzen Welt der Kunst verstanden zu haben.

51 Der Tod erscheint mir als etwas Wunderbares; die Gewissheit, dass ich sterben werde, ermöglicht mir den Augenblick zu schaffen. Und das bringt grosse Abwechslung, weil ich nicht dafür verantwortlich bin, weiter zu existieren und mich zu gegebener Zeit allem entziehen werde.

Der Tod ist die grosse Flucht, welche dir den Mut gibt, in der kurzen Zeit deines Lebens die gewagtesten und unterhaltsamsten Dinge zu tun.

El Arte Geografía de redención
Art Geography of redemption
Die Kunst Die Geographie der Erlösung

Origen del hombre. 1954. Acrílico/Cartulina. 49 x 41 cms.
Origen del Hombre (The Origin of Man). 1954. Acrylic/Bristol board. 49 x 41 cm.
Origen del hombre (Der Ursprung des Menschen). *1954. Acryl/Karton. 49 x 41 cm.*

52 Vivir aquí es lo más importante. El arte puede contribuir a que la vida siga, forme parte de una armonía profunda [con] todo lo creado.

53 El futuro del arte se atisba en la creación total.

54 Mis pinturas y el trabajo continuado en mi estudio para posibles utopías me llena el alma […].

55 Meditando, observando y estudiando, llegué a la conclusión de que podía enriquecer de una nueva manera la difusión del arte en un sentido más amplio y didáctico, tratando de seleccionar lugares naturales para introducir en un gran espacio la pintura, la escultura, la arquitectura, la música, la jardinería, etc. […] logrando algo, en donde he comprobado el éxito educativo en los numerosos

52 Living here is the essential thing. Art can contribute to the continuity of existence, so that it becomes a part of a profound harmony [with] all that has been created.

53 Total creation is the foreseeable future of art.

54 My paintings and constant work at my studio, envisaging possible Utopias, satisfy my soul […].

55 Meditating, observing and studying, I reached the conclusion that in a new way, I could improve the distribution of art in a broader, more didactic sense, trying to select natural spaces where painting, sculpture, architecture, music and gardening could find privileged representation. […] I could thus achieve something which has enabled me to confirm the educational success of such an enterprise in the numerous visitors who have

52 Hier zu leben ist das Wichtigste. Die Kunst kann dazu beitragen, dass das Leben Teil einer tiefen Harmonie [mit] allem Schöpferischen wird.

53 Die Zukunft der Kunst lässt sich in der ganzen Schöpfung erkennen.

54 Meine Bilder und mein fortgesetztes Studium möglicher Utopien füllen meine Seele […].

55 In der Meditation, in der Beobachtung und im Studium bin ich zum Schluss gelangt, dass ich die Verbreitung der Kunst in einem weiteren und didaktischeren Sinn anregen kann, wenn ich natürliche Standorte auswähle, um die Malerei, Bildhauerei, Architektur, Musik, Gartenkunst usw. in einen grossen Raum einzuführen […], und einen erzieherischen Erfolg erreiche bei den zahlreichen Besuchern dieser

visitantes de estos lugares sugestivos, y que he llamado: "simbiosis de Arte-Naturaleza Naturaleza-Arte".

56 En mis lienzos, siempre me interesa la abstracción a partir de la recreación de la tierra que pisamos, su textura, su fuerza, su sombrío cromatismo, para luego perderme en el encuentro de la transformación de la vida integrada en la tierra, su descomposición y su muerte, que cierra el ciclo, de nuevo, en la tierra.

57 Crear con absoluta libertad, sin miedos y sin recetas, conforta el alma y abre un camino a la alegría de vivir.

58 Muchas veces la pintura se me queda limitada a medidas establecidas por limitados espacios. Por esta razón la aplicación de toda la imaginación-arte la traslado a

flocked to these suggestive spaces. I have called these spaces: "a symbiosis of Art-Nature Nature-Art".

56 On my canvases, I am always interested in abstraction as a process of recreation of the soil we tread, its texture, its strength, its sombre chromatism. I then lose myself in the revelation of life embedded in the earth, its decomposition and its death, concluding the earthly cycle.

57 To create with absolute freedom, without fear and without formulas, comforts the soul and clears the way for rejoicing in existence.

58 Very often, for me, painting becomes limited to measures established by restrictive spaces. That is why I transfer the principle of total artistic

anregenden Standorte, die ich: "Symbiose von Kunst-Natur Natur-Kunst" nenne.

56 *In meinen Bildern hat mich immer die Abstraktion interessiert, ausgehend von der Nachbildung des Erdbodens, den wir mit unseren Füssen betreten, seiner Textur, seiner Kraft, der düsteren Chromatik, um mich dann in der Umwandlung des in die Erde integrierten Lebens, seiner Zersetzung und seinem Tod, der den Zyklus der Erde wieder schliesst, zu verlieren.*

57 *Ein Schaffen mit absoluter Freiheit, ohne Ängste und Rezepte tröstet die Seele und ebnet der Lebensfreude einen Weg.*

58 *Oft wird meine Malerei durch die begrenzten Räume eingeschränkt. Aus diesem Grund übertrage ich die Anwendung aller Vorstellungskraft-Kunst*

la monumentalidad en contacto con la naturaleza […].

59 Primero [antes de realizar una intervención en la naturaleza] se analiza su medio, sus fuerzas, sus materiales, para entrar en íntimo conocimiento. De esta manera, el arte hace una acumulación común, uniendo sus fuerzas y creando, por primera vez, como la gran sabiduría del perfecto equilibrio, los secretos unidos del TODO.

60 Tengo un sentido vinculante de mi plástica con la naturaleza.

61 El arte ha existido siempre en los reductos más miserables.

62 Hoy el arte es una cuestión antropológica-humana. APLICAR EL ARTE A LA VIDA. Esto lo he repetido infinidad de veces.

imagination to monumentality in contact with nature […].

59 First of all [before taking on any intervention in nature], the environment, its forces its components are analysed so as to gain intimate knowledge. In this way, art achieves a fundamental accumulation, uniting its forces and creating, for the first time, something like the great wisdom of perfect harmony, the unified secrets of the WHOLE.

60 I have a binding sense of my art's relationship with nature.

61 Art has always existed despite the most miserable conditions.

62 Art today is an anthropological-human issue. APPLY ART TO LIFE. I have repeated this time and time again.

auf die Monumentalität im Kontakt mit der Natur […].

59 Als erstes [vor einem Eingriff in die Natur] werden das Medium, seine Kräfte, seine Materialien untersucht, um eine intime Erkenntnis zu erlangen. Auf diese Weise erreicht die Kunst einen kumulativen Effekt, vereint ihre Kräfte und schafft, zum ersten Mal, wie die grosse Weisheit des perfekten Gleichgewichts, die vereinten Geheimnisse des GANZEN.

60 Meine Plastik ist sinngemäss mit der Natur verbunden.

61 Die Kunst hat auch in den elendesten Winkeln stets existiert.

62 Heute ist die Kunst eine anthropologisch-menschliche Frage. ANWENDUNG DER KUNST AUF DAS LEBEN. Diesen Gedanken habe ich schon unzählige Male aufgegriffen.

Alegoría de la isla. 1950. Mural. Parador Nacional de Turismo. Arrecife

Alegoría de la Isla (Allegory of an Island). 1950. Mural. Arrecife Parador

Alegoría de la isla (Allegorie der Insel). *1950.* Wandbild. Parador Nacional de Turismo. Arrecife

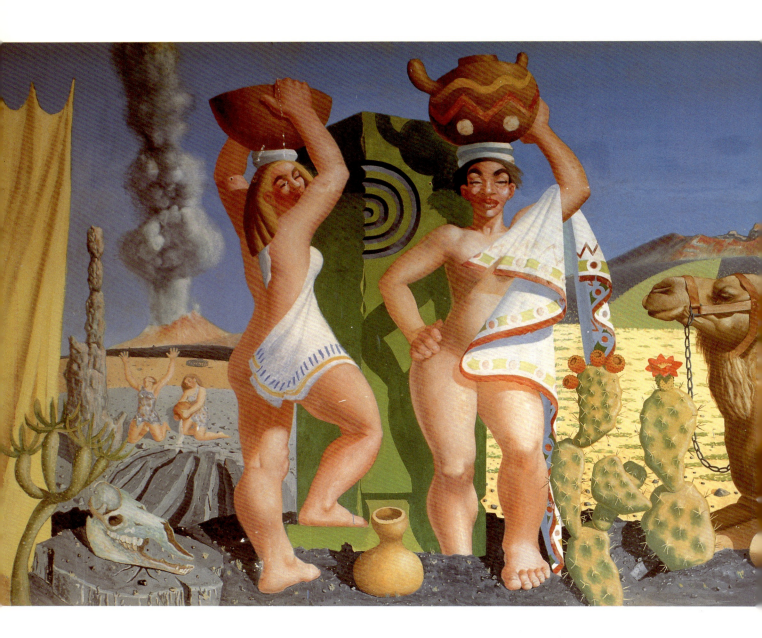

63 La pintura me entusiasma, pero sabía su limitación, sobre todo en esta época que vivimos, en donde la plástica se ha investigado hasta límites insospechados [...].

64 También siento que muchas veces creo que no hago nada, que me lo dictan, hay algo misterioso. En ocasiones no se cómo pude resolver ese concepto compositivo, ese color, esa manera de distribuir la forma. Hay como un mensaje mágico que me está dictando lo que tengo que hacer y que luego se me olvida, no soy yo, es otra energía.

65 Mi nuevo concepto [artístico] es la combinación del estudio profundo de la naturaleza [con el arte] para afrontar con ella una comunicación más amplia, en donde pueden intervenir la pintura, el dibujo, la escultura, la arquitectura, el diseño, la textura y los colores.

63 Painting inspires me. Yet, I knew of its limitations, especially in the present era when art has been explored to unimaginable limits [...].

64 I also feel that very often, I do not actually do anything, that it is dictated to me, that there is something mysterious. At times, I cannot imagine how I was able to resolve that compositional concept, that colour, that manner of distributing form. There is a magic message which is dictating what I have to do and which then I forget; it is not me, it is a different energy.

65 My new [artistic] concept is the combination of the deep study of nature [with art] to a far reaching communication where painting, sculpture, drawing, architecture, design, texture and colour may all intervene.

63 Die Malerei begeistert mich, aber ich kannte ihre Grenzen, insbesondere in dieser Zeit, in der wir leben, in welcher die Plastik bis zu nie erwarteten Grenzen erforscht wurde [...].

64 Oft habe ich den Eindruck, dass ich nichts tue, dass mir alles vorgegeben wird, auf mysteriöse Weise. Gelegentlich weiss ich nicht, wie ich dieses schöpferische Konzept, diese Farbe, diese Art der Formverteilung auflösen kann. Es gibt eine Art magische Botschaft, die mir vorgibt, was ich zu tun habe und die ich nachher vergesse, nicht ich bin es, es ist eine andere Energie.

65 Mein neues [künstlerisches] Konzept liegt in der Verbindung des intensiven Studiums der Natur [mit der Kunst], um zusammen mit ihr in eine weitergehende Kommunikation einzugehen, in der die Malerei, die Zeichnung, die Bildhauerei, Architektur, Formgebung, Textur und Farben intervenieren können.

Sin título. 1956. Monotipo/Papel. 60x73 cms.
Untitled. 1956. Monotype/Paper. 60x73 cm.
Ohne Titel. 1956. Monotype/Papier. 60x73 cm.

Tierras ordenadas. 1958. **Mixta/Acrílico/Lienzo. 107 x 163 cms.**
Tierras ordenadas (Tidy Lands). 1958. Mixed/Acrylic/Canvas. 107 x 163 cm.
Tierras ordenadas (Geordnete Erde). *1958. Gemischt/Acryl/Leinwand. 107 x 163 cm.*

Este encuentro [...] lo he catalogado de Arte-Naturaleza Naturaleza-Arte, como una simbiosis totalizadora.

66 **Todas las imágenes que surgen de mi mundo interior representan una alusión quebradiza de la observación ante el profundo fenómeno [de] materia y energía desprendidos de la naturaleza. La abstracción nunca ha sido total en mi obra.**

67 **He querido romper el concepto de las dos dimensiones de un lienzo para explorar las posibilidades infinitas de los espacios naturales. Desde muy pequeño he estado en contacto con la naturaleza recibiendo sus lecciones. Todo mi trabajo como pintor es el resultado de ese fecundo aprendizaje.**

68 **Yo, como artista, tengo la obligación moral de profesar un gran respeto a la naturaleza y de**

I have termed this encounter [...] as Art-Nature Nature-Art, as a globalizing symbiosis.

66 All the images stemming from my inner vision represent a brittle allusion to the observation of the profound phenomenon [of] matter and energy discharged by nature. Abstraction has never been absolute in my work.

67 I have trangressed the concept of the two dimensional canvas in order to explore the infinite possibilities of natural space. Since I was very young, I have been in contact with nature, receiving its lessons. All my work as a painter is the outcome of this fertile education.

68 I, as an artist, have the moral obligation to show great respect towards nature and to transmit this

Dieses Treffen [...] habe ich als Kunst-Natur Natur-Kunst, als eine ganzheitliche Symbiose eingestuft.

66 *Alle Bilder, die aus meiner Innenwelt auftauchen, sind eine zerbrechliche Anspielung der Beobachtung vor dem tiefgründigen Phänomen [von] Materie und Energie, die in der Natur freigesetzt werden. Die Abstraktion ist in meinem Werk nie vollkommen gewesen.*

67 *Ich wollte das Konzept der zwei Dimensionen auf der Leinwand sprengen, um die unendlichen Möglichkeiten der natürlichen Räume zu erforschen. Schon von klein auf stand ich im Kontakt mit der Natur und habe viel von ihr gelernt. Meine ganze Arbeit als Maler ist das Ergebnis dieser fruchtbaren Lehrzeit.*

68 *Als Künstler habe ich die moralische Verpflichtung, der Natur mit grossem Respekt entgegenzutreten und diesen*

transmitir ese respeto por medio de mis obras al espíritu del resto de los hombres.

69 **No hay explicación ni reglas ni fórmulas en mis propias pinturas cuando no se logra el propósito concebido; pero, cuando se logra ese milagro de la gran armonía pictórica, tampoco hay receta alguna para la explicación verdadera de ese logro.**

70 **Siempre he querido coger una estrella caminando en mi pintura. El no alcanzarla es el estímulo para seguir trabajando en esa lucha para alcanzar la posible perfección.**

71 **El arte y ese goce estético tan rico en matices es el ritual con que damos sentido a la vida.**

72 **En cada creación tengo la idea general, el esquema total, pero luego en la ejecución encuentro y**

respect through the medium of my art to the spirit of all men.

69 There are no explanations, rules or formulas as to why the preconceived ideas in my paintings fail. Then again, when the miracle of great pictorial harmony is achieved, there is no particular formula either that truly explains this achievement.

70 I have always wanted to capture the fleeting passage of a star in my painting. Failing to do so becomes the stimulus that leads me on to the goal of possible perfection.

71 Art and aesthetic enjoyment, so rich in nuances, is the ritual through which we endow life with meaning.

72 For each work, I have a general idea, a complete scheme. Then, during creation, I discover and provoke

Respekt über meine Werke an den Geist der übrigen Menschen weiterzugeben.

69 In meinen eigenen Bildern gibt es weder Regeln noch Formeln, wenn das gedachte Vorhaben nicht erreicht wird; wenn aber dieses Wunder der grossen malerischen Harmonie erreicht wird, gibt es auch kein Rezept für die tatsächliche Erklärung des Erreichten.

70 Ich wollte stets nach den Sternen greifen, deren Bahn meine Malerei kreuzte. Dass ich keinen erreicht habe, ist für mich Ansporn, diesen Kampf weiterzuführen, um die mögliche Perfektion zu erreichen.

71 Die Kunst und dieser nuancenreiche ästhetische Genuss ist das Ritual, mit dem wir dem Leben einen Sinn geben.

72 In jeder Schöpfung habe ich eine allgemeine Idee, ein vollumfängliches Schema, aber während der Ausführung finde

**Tobas. 1966. Mixta/Tela.
150 x 133 cms.**

Tobas. (Tubas) 1966. Mixed/Canvas
150 x 133 cm.

Tobas (Tuffsteine). *1966. Gemischt/Leinwand.*
150 x 133 cm.

provoco la aventura, para que el final resulte imprevisto y me sorprenda a mí mismo. Este es el fenómeno de la creación del arte.

73 Todos los artistas del Renacimiento aplicaban su talento a más amplios campos. A los pintores de occidente se los ha encerrado, los han fichado y catalogado y están quemando toda posibilidad de escape.

Ser artista es, en primer lugar, ser LIBRE.

74 Lo más grave de esta época es que quieren someter a los artistas a no salirse de la ruta.

Esta pretensión de someter la fantasía creativa es limitar y empobrecer ese posible enriquecimiento de la investigación del arte y de la propia vida.

El Renacimiento fue un ejemplo de diversidad creativa cuyo modelo para

Sin título. 1972. Mural. Caja Postal de Ahorros. Madrid.

adventure, so that the end may prove unpredictable and may even surprise me. This is the phenomenon of art creation.

73 All Renaissance artists applied their talent to much wider fields. Western painters have become compartmentalized, they have been catalogued and put on file and any chance of escaping is being destroyed.

Being an artist is, first and foremost, being FREE.

74 The most threatening aspect of our time is that artists are being forced to follow a straight and narrow path.

This attempt to submit the creative imagination limits and weakens the potential for the fertile growth of art's searching quality and of life itself.

The Renaissance

Untitled. 1972. Mural. Caja Postal de Ahorros (Postal Savings Bank). Madrid.

und provoziere ich das Abenteuer, damit ich den Ausgang nicht voraussehen und mich selbst überraschen kann. Darin liegt das Phänomen in der Schöpfung der Kunst.

73 *Alle Künstler der Renaissance setzten ihr Talent auf grossen Bereichen ein. Die Maler des Westens sind eingeschlossen, mit einer Aufschrift versehen und katalogisiert worden und haben sich jede Ausweich-möglichkeit verbaut.*

Künstler zu sein, bedeutet an erster Stelle, FREI zu sein.

74 *Das Schlimmste an dieser Zeit ist, dass die Künstler dazu gebracht werden sollen, nicht vom vorgezeichneten Weg abzukommen.*

Dieser Versuch, die schöpferische Vorstellungskraft zu bändigen, bedeutet eine Einschränkung und Verarmung der möglichen Bereicherung der Erforschung der Kunst und des Lebens selbst.

Ohne Titel. 1972. Wandbild. Caja Postal de Ahorros. Madrid.

toda la historia ha sido Leonardo da Vinci.
Sin libertad no puede existir creatividad y conocimiento.
　Es la afirmación del yo, con absoluta autonomía e independencia.

75 Ya es hora de traspasar barreras y ampliar largamente los ambiguos límites del arte.

76 El arte se encuentra inmerso en todo. Solamente tenemos que entrar en el prisma matizador de saber ver su esencia para colocarlo emocionalmente en armonía y vivir con él.

77 Toda la influencia que supone este escenario [Lanzarote] que ha rodeado mi infancia se ha manifestado sucesivamente en toda mi plástica, con gran libertad de expresión, como

was an example of diversity, symbolized in history by Leonardo da Vinci.
Without freedom, wisdom and creativity cannot flourish.
　It is the confirmation of the ego, with utter autonomy and independence.

75 It is time to overcome barriers and to transcend the ambiguous limits of art.

76 Art lies at the heart of all things. We have only to discover the discerning angle which enables us to see its essence in order to establish its emotional harmony and live with it.

77 All the influence which this landscape has exerted on me [Lanzarote], surrounding me in my childhood, has appeared successively in my painting, with great freedom of expression,

Die Renaissance war ein Beispiel der schöpferischen Vielfalt, deren Modell für die ganze Geschichte Leonardo da Vinci war.
　Ohne Freiheit kann es keine Kreativität und Erkenntnis geben. Sie ist die Bestätigung des Ichs, mit absoluter Autonomie und Unabhängigkeit.

75 *Der Zeitpunkt ist gekommen, Schranken zu überwinden und die unbestimmten Grenzen der Kunst grosszügig zu erweitern.*

76 *Die Kunst steht mit allem in Berührung. Wir müssen nur das farbschattierende Prisma ansetzen, um ihr Wesen zu erkennen und sie gefühlsmässig in Harmonie zu bringen und mit ihr zu leben.*

77 *Der Einfluss dieses Szenariums [Lanzarote], das meine Kindheit umgab, hat sich allmählich in meiner ganzen Plastik offenbart, mit der gleichen grossen Ausdrucksfreiheit,*

Restaurante El Diablo. Parque Nacional de Timanfaya. Lanzarote 1970.

El Diablo Restaurant. Timanfaya National Park. Lanzarote 1970.

Restaurant El Diablo. Naturschutzpark von Timanfaya. Lanzarote. 1970.

Mirador del Río. Lanzarote. 1973
Mirador del Río. (El Río Lookout). Lanzarote. 1973

Mirador del Río. Lanzarote. 1973
Mirador del Río, (El Río Lookout). Lanzarote. 1973
Mirador del Río (Aussichtspunkt). Lanzarote. 1973

Escalera. Mirador del Río. Lanzarote. 1973
Steps. Mirador del Río (El Río Lookout). Lanzarote. 1973
Treppe. Mirador del Río (Aussichtspunkt). Lanzarote. 1973

la misma brutal superficie de la isla.

78 Toda mi pintura es vulcanología y geología en su fundamento básico.

79 El arte puede ser vida, un hermoso y sorprendente trayecto de asombros y misterio. Pero para reconocerlo hay que asumir el peso de la libertad.

80 Hay lugar aún para la verdad en el arte y en la vida.

81 La obra válida de un artista debe ser un testimonio de la autenticidad de su verdadera personalidad y del medio en que le ha tocado vivir.

82 Y luego, de manera muy especial, que es de donde parto como descubrimiento de la verdadera investigación, está mi pintura, donde trabajo con gran intensidad diariamente,

Enterrados. 1974. Mixta/Acrílico/Lienzo. 200 x 165 cms.

like the savage surface of the island.

78 All my painting is, essentially, vulcanology and geology.

79 Art may be life itself, a beautiful, surprising path of wonder and mystery. However, for this to be recognized, the weight of freedom must be borne.

80 There is still room for truth in art and life.

81 The valid work of an artist should be a statement of the authenticity of his true personality and of the land where he has dwelled.

82 And then, in a very significant manner, there is my painting, the starting point of my true quest, to which I am intensely devoted day by day,

Enterrados (Buried). 1974. Mixed/Acrylic/ Canvas. 200 x 165 cm.

wie die brutale Oberfläche der Insel.

78 Meine ganze Malerei ist in ihrem grundlegenden Wesen Vulkanologie und Erdwissenschaft.

79 Die Kunst kann Leben sein, eine schöne und überraschende Laufbahn des Staunens und des Mysteriums. Aber diese Erkenntnis setzt voraus, dass wir bereit sind, die Last der Freiheit zu tragen.

80 Es gibt noch einen Platz für die Wahrheit in der Kunst und im Leben.

81 Das gute Werk des Künstlers muss Zeugnis der Echtheit seiner Persönlichkeit und Umgebung sein.

82 Meine Malerei ist, auf eine ganz besondere Weise, Ausgangspunkt der wahren Forschung, an der ich täglich intensiv arbeite und auf alle möglichen

Enterrados *(Begraben)* 1974. Gemischt/Acryl/ Leinwand. 200 x 165 cm.

sirviéndome de todos los posibles descubrimientos de la forma, color y textura.

83 Cuando se efectúa esa entrega en conjunción [en los espacios integrados Arte-Naturaleza], la propia naturaleza, de una manera mágica, colabora con el influjo, entusiasmo y talento del artista.

84 Muchas veces pienso que todo lo que hago, sin llegar a la perfección que todo artista quiere alcanzar, está dictado por una energía desconocida [...], cuando termino un trabajo, no entiendo nunca cómo lo he resuelto.

85 Estoy tratando de estructurar todos los ritmos vitales que forman parte conjunta de todas las emociones de los sentidos, para reunir en espacios seleccionados toda esa riqueza y variedad de todas

making use of all the possible revelation which form, colour and texture may bring.

83 When that communion really occurs [in the integrated space of Art-Nature], then nature, in a magic way, works alongside the artist's enthusiasm, talent and inspiration.

84 I often think that all I do, without achieving the perfection all artists desire, is dictated by an unknown energy [...], when I finish a work, I never know how I have been able to accomplish it.

85 I am trying to structure all the vital rhythms which, together, form part of all the emotions of sensations, so as to gather in spaces all the wealth and variety of the arts in a

Entdeckungen von Form, Farbe und Textur zurückgreife.

83 Wenn diese Hingabe in ihrer Gesamtheit [in den integrierten Räumen Kunst-Natur], stattfindet, arbeitet die Natur selbst auf eine magische Weise mit dem Einfluss, der Begeisterung und dem Talent des Künstlers zusammen.

84 Oft denke ich, dass alles, was ich tue, ohne dabei die Perfektion, die jeder Künstler sucht, zu erreichen, von einer unbekannten Energie vorgegeben wird [...], wenn ich eine Aufgabe abschliesse, verstehe ich nie, wie ich sie gelöst habe.

85 Ich versuche, alle Lebensrhythmen, die Teil aller Sinneswahrnehmungen sind, zu strukturieren, um diesen Reichtum und diese Vielfalt der Künste in ausgewählten Räumen in einer

Centro Cultural El Almacén.
Arrecife. Lanzarote. 1974

El Almacén Cultural Centre.
Arrecife. Lanzarote. 1974

Kulturzentrum El Almacén.
Arrecife. Lanzarote. 1974

las artes en una simbiosis con la naturaleza.

86 Creo y siento profundamente que todos los artistas contemporáneos que sentimos la armonía y la belleza como un estado superior de cultura instintiva tenemos el deber moral y ético de salvar por todos los medios lo que nos rodea y denunciar todo lo negativo referente a la vida y a su propio desarrollo. Creo que ésta es la misión más importante de un artista hoy [...].

87 Quiero dejar patente mi manera de sentir y de caminar por la vida, por creer que pudiera servir a todos los que se encuentran dentro de un concepto libre, constructivo y sano de la existencia, y defender a toda costa a este fascinante planeta en donde nos ha tocado vivir, por si les pueden servir de enseñanza las obras realizadas por mí, respetando profundamente

symbiosis with nature.

86 I believe and feel deeply that all contemporary artists who sense harmony and beauty as a superior reach of instinctive culture have the ethical and moral duty to save our environment by every means possible and decry all that hinders life and its development. I believe this is the most important mission of the artist today [...].

87 I want to be absolutely clear about my way of feeling and how I proceed with my life, because I think it could help all who work within a dimension of freedom, a healthy and constructive concept of existence; and also defend this planet which Fortune has seen fit to make our abode. I hope that my work may be instructive, showing my respect for every part of

Symbiose mit der natur zu vereinen.

86 Ich glaube und fühle zutiefst, dass wir zeitgenössischen Künstler, die wir die Harmonie und Schönheit als höheren Zustand einer instinktiven Kultur verstehen, die ethische und moralische Verpflichtung haben, das was uns umgibt, um jeden Preis zu retten und alles für das Leben und die eigene Entwicklung Negative anzuklagen. Darin liegt, glaube ich, heute der wichtigste Auftrag eines Künstlers [...].

87 Meine Art zu empfinden und den Weg des Lebens zu gehen, möchte ich klar festhalten, weil ich glaube, dass sie allen dienen könnte, die eine freie, konstruktive und gesunde Auffassung der Existenz haben; ich möchte diesen faszinierenden Planeten, auf dem wir leben, um jeden Preis schützen; vielleicht können sie etwas aus meinen Werken lernen und jeden Winkel der Erde, mit ihren eigenen

Homenaje a Malcom Lowry (Bajo el volcán). 1977. Mixta/Lienzo. 165 x 200 cms.

Homage to Malcom Lowry "Bajo el volcán" (Under the Volcano). 1977. Mixed/Canvas. 165 x 200 cm.

Homenaje a Malcolm Lowry "Bajo el volcán" Zu Ehren von Malcolm Lowry (Unter dem Wulkan) *1977. Gemischt/Leinwand. 165 x 200 cm.*

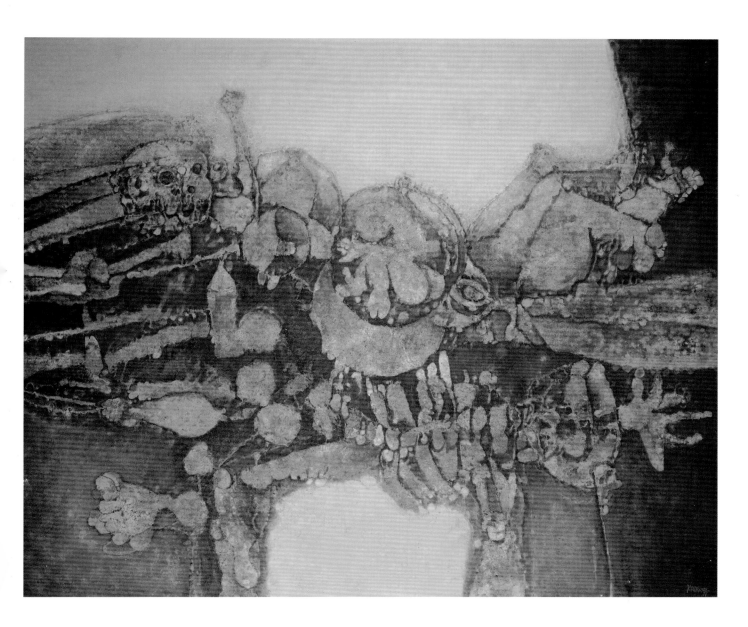

cada latitud de la tierra, con sus propios materiales, con sus tradiciones, y agregando lo más sabio del progreso, sin romper la armonía del ambiente, y aplicar toda la sensibilidad y talento en todo lo que el arte puede intervenir, en todo lo que el arte puede soñar.

88 Hay demasiada miseria, demasiada agresividad, demasiados conflictos, para que el propio artista todavía insista obsesivamente en meternos por los ojos más negrura y más tragedia.

89 Lo más peligroso de cualquier tendencia es asumirla con la novelería de la novedad. Tiene que haber un equilibrio de la funcionalidad y buscar ese calor arcaico sin caer en una especie de primitivismo.
   Toda la tecnología moderna se puede perfectamente incluir con

the earth, with its own materials and traditions, while adding only the best part of progress, without breaking the harmony of the place; applying all sensitivity and talent to every possible area where art can intervene, in all that art can conjure as a dream.

88 There is too much misery, too much aggressiveness, too much fighting for the artist to insist obsessively on foisting more tragedy and more darkness upon us.

89 The most dangerous thing about any trend is to assimilate it with the frivolity that accompanies new fads. There must exist a balance in our method, we must search for that archaic warmth, taking care not to fall into a kind of primitivism.
   All modern technology can be perfectly included in the mixture

Materialien, Traditionen respektieren, im Verein mit dem weisen Fortschritt, ohne die Harmonie der Umgebung zu stören, unter Einsatz der gesamten Empfindsamkeit und des Talents in allem, auf das die Kunst einwirken kann, in allem, von dem die Kunst träumen kann.

88 *Es gibt schon zuviel Elend, zuviel Aggressivität und zuviele Konflikte, ohne dass der Künstler selbst in Besessenheit darauf beharrt, uns über die Augen noch mehr Schwärze und Tragödie zuzuführen.*

89 *Das gefährlichste an jeder Tendenz ist ihre Übernahme mit einer Versessenheit auf alles Neue. Es muss ein Gleichgewicht der Funktionalität geben und die archaische Wärme gefunden werden, ohne dabei in eine Art Primitivismus zu fallen.*
   Die ganze moderne Technik kann durchaus mit einer Mischung aus menschlicher

Charca seca. 1982. Mixta/Lienzo. 130 x 97 cms.

Charca Seca (Dry Pond). 1982. Mixed/Canvas. 130 x 97 cm.

Charca seca (Ausgetrockneter Teich). 1982. Gemischt/Leinwand. 130 x 97 cm.

la mezcla de ese calor humano de una arquitectura más plástica, más acogedora. No necesariamente tiene que estar bajo una fórmula geométrica y agresiva.

90 Estaba seguro de poder aplicar e introducir el arte en la naturaleza, en el medio en que vivimos; traté de ampliar el concepto estético a los dominios de la satisfacción vital y didáctica.

91 Como artista estoy en la obligación moral de aportar mis conocimientos creando cultura, sensibilidad y alegría. Creo que hay que aplicar toda la fuerza estético-educativa para conseguir pequeñas parcelas en el desarrollo del conocimiento humano.

92 Ya toda la aprovechada experimentación del siglo XX está acabándose. Estamos

of human sensitivity present in a more artistic architecture. It does not have to obey an aggressive geometric formula blindly.

90 I was persuaded that I could apply and introduce art in nature, in our living habitat. I tried to extend the concept of aesthetics to embrace the dimension of existential satisfaction and education.

91 As an artist, I am morally committed to offering my knowledge through creating culture, sensitivity and joy. I believe that we have to exert the maximum aesthetic-didactic force in order to make small conquests in the development of human knowledge.

92 Nearly all of the twentieth century's long-tried experience is coming to an end. We are

Wärme einer plastischeren, freundlicheren Architektur verbunden werden. Sie braucht nicht unbedingt auf einer geometrischen und aggressiven Formel zu beruhen.

90 *Ich war sicher, die Kunst auf die Natur anzuwenden und in die Natur einzuführen, in die Umgebung, in der wir leben; ich habe versucht, das ästhetische Konzept auf die Bereiche der vitalen und didaktischen Genugtuung auszuweiten.*

91 *Als Künstler bin ich moralisch verpflichtet, meine Kenntnisse in ein kulturelles, empfindsames und frohes Schaffen einzubringen. Ich bin der Ansicht, dass die ganze ästhetische und erzieherische Kraft eingesetzt werden muss, um kleine Parzellen in der Entwicklung der menschlichen Kenntnis zu erobern.*

92 *Die ganze herangezogene Erfahrung des 20. Jahrhunderts erschöpft sich.*

Estudio del pintor. Casa de Haría. Lanzarote. 1988

The painter´s studio at the Haría house. Lanzarote. 1988

Atelier des Malers. Casa de Haría. Lanzarote. 1988

Jardín de Cactus. Lanzarote. 1990
Cactus Garden. Lanzarote. 1990
Jardín de Cactus (Kaktusgarten). Lanzarote. 1990

entrando en otros sentimientos, en otra adaptación.

93 **El arte se tiene que desarrollar en el ámbito en el que uno vive, con el conocimiento y olfato de todas sus posibilidades, reorganizando cambios del propio medio y en su misma longitud de onda.**

94 **[…] no me gusta que me clasifiquen y que me coloquen etiquetas. Me sorprendo siempre cuando me catalogan de pintor, diseñador, ecologista, arquitecto, escultor, jardinero, fotógrafo, urbanista, decorador, etc…**
   Las clasificaciones son empobrecedoras ya que raquitizan el arte.

95 **Siempre he caminado solo y sin miedos, con absoluta libertad, y sin necesidad de grupos formando un rebaño, como defensa colectiva.**

Muy lejos. 1991. Mixta/Acrílico/Lienzo. 200 x 166 cms.

nearing other kinds of feelings, we are moving towards another kind of adaptation.

93 Art must develop in one's own vital environment, with wisdom and with a sense for all its possibilities, changing in method and in content.

94 […] I object to being classified and labelled. I am always surprised when I am branded as a painter, a decorator, an ecologist, an architect, a sculptor, a gardener, a photographer, a town planner, a designer…
   Classifications are negative because they weaken art.

95 I have always made my way alone, without fear, entirely free, not needing any coteries around me to act as a collective defense.

Muy Lejos (Very Far). 1991. Mixed/Acrylic/ Canvas. 200 x 166 cm.

Wir begeben uns in andere Gefühle, in eine andere Anpassung.

93 *Die Kunst muss im Umfeld entwickelt werden, in dem man lebt, mit der Kenntnis und dem Gespür für alle ihre Möglichkeiten und der Organisation der Änderungen der Umgebung selbst, und auf der gleichen Wellenlänge.*

94 *[…] ich will nicht eingestuft und mit einer Aufschrift versehen werden. Immer wieder bin ich überrascht, wenn ich als Maler, Zeichner, Umweltschützer, Architekt, Bildhauer, Gärtner, Photograph, Städtebauer, Dekorateur, usw. eingestuft werde… Einstufungen sind verarmend, weil sie die Kunst rachitisch machen.*

95 *Ich bin meinen Weg stets allein und furchtlos gegangen, in der absoluten Freiheit und ohne Bedürfnis, Teil einer Herde zu werden, um mich dem kollektiven Schutz anzuvertrauen.*

Muy lejos (Sehr weit). 1991. Gemischt/Acryl/ Leinwand. 200 x 166 cm.

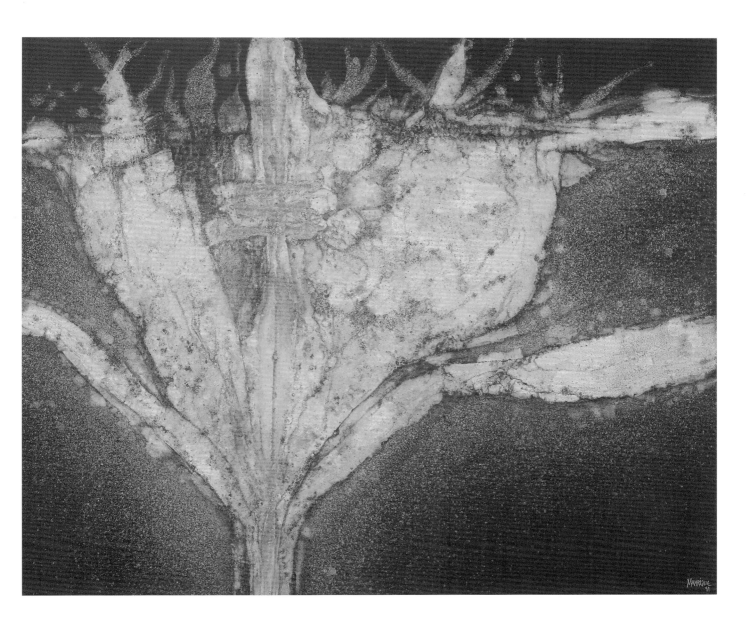

96 Desde muy pequeño he estado en contacto con la naturaleza recibiendo sus lecciones. Todo mi trabajo como pintor es el resultado de este fecundo aprendizaje […].

97 El arte, sobre todo, tiene que tener una gran amplitud y una gran libertad, si realmente quiere investigar y crear.

98 Ante el exterminio suicida de nuestro planeta, la intervención de los artistas en defensa de la conservación del medio se convierte en una cuestión urgente, de máxima responsabilidad, ya que es hora de traspasar las fronteras y ampliar los ambiguos límites del arte.

96 Since a very tender age, I have been in contact with nature, receiving its lessons. All my work as a painter is the result of this fertile apprenticeship […].

97 Art, above all, must enjoy great breadth of scope and great freedom, if it really wants to explore and create.

98 Witnessing the suicidal extermination of our planet, the intervention of artists in defense of the environment becomes an urgent issue of maximum responsibility: the time has come to break down borders and expand the ambiguous limits of art.

96 Von klein auf stand ich in Kontakt mit der natur und habe ihre Lehren erhalten. Meine ganze Arbeit als Maler ist Ergebnis dieser fruchtbaren Lehrzeit […].

97 Die Kunst muss vor allem eine grosse Weite und eine grosse Freiheit haben, wenn sie wirklich forschen und schaffen will.

98 Angesichts der selbstmörderischen Vernichtung unseres Planeten wird der Eingriff des Künstlers als Schützer der Umwelt zu einer vordringlichen Frage von grösster Verantwortung; denn die Zeit ist gekommen, Grenzen zu überschreiten und die unbestimmten Grenzen der Kunst zu erweitern.

La Naturaleza Madre vida
Nature Mother Life
Die Natur Mutter Leben

99 La libertad de la naturaleza ha modelado la libertad de mi vida, como artista y como hombre.

100 Quiero extraer de la tierra su armonía para unirla a mi sentimiento con el arte.

101 El contacto directo de mi piel con las rocas de esta desnuda naturaleza me da el vigor de la energía de la VIDA.

102 Siempre he creído que mi manera de actuar está absolutamente ligada a la naturaleza, y con esta conciencia he superado todas mis experiencias.

103 En el sistema orgánico de la naturaleza, en su potente razón oculta, he encontrado la verdad más trascendente.

104 Es necesario crear una nueva conciencia universal para tratar de salvar los

99 Nature's freedom has modelled my freedom in life, as an artist and as a man.

100 I want to extract harmony from the earth to unify it with my feeling for art.

101 The direct contact of my flesh with the naked rocks of nature gives me the vital strength of LIFE'S energy.

102 I have always thought that my way of acting is completely linked to nature. This awareness has enabled me to overcome all experience.

103 In nature's organic system, in its powerful hidden reason, I have found the most transcendent truth.

104 We have to create a new universal conscience in order to try and save the natural

99 Die Freiheit der natur hat die Freiheit meines Lebens als Künstler und als Mensch geprägt.

100 Ich möchte der Erde ihre Harmonie entlocken, um sie mit meinem Gefühl für die Kunst zu vereinen.

101 Der direkte Kontakt meiner Haut mit den Felsen dieser nackten natur gibt mir die Kraft der Energie des LEBENS.

102 Ich habe immer geglaubt, dass meine Vorgehensweise mit der Natur inniglich verbunden ist, und in diesem Bewusstsein habe ich alle meine Erfahrungen verarbeitet.

103 Im organischen System der natur, in ihrem kraftvollen, verborgenen Ausdruck habe ich die gewichtigste Wahrheit gefunden.

104 Es muss ein neues universales Bewusstsein geschaffen werden, um zu versuchen, die natürlichen

Burbuja volcánica. Fundación César Manrique. Lanzarote

Volcanic bubble. César Manrique Foundation. Lanzarote

Vulkanische Blase. César Manrique-Stiftung. Lanzarote

espacios naturales de la amenaza que supone el insaciable egoísmo humano, que solamente ve en la destrucción de la naturaleza los beneficios económicos que reporta.

105 La perfección y el equilibrio de esta NATURALEZA pulida por millones de años es la lección más sabia para el hombre.

106 Por lo tanto es hora de formular con la mayor energía una denuncia sobre la destrucción del medio natural que se está fraguando en las Islas Canarias, destrucción que es un ejemplo más de las atrocidades cometidas contra la inteligente energía de la madre naturaleza en las diferentes latitudes de la tierra.

107 Tenemos que ganar tiempo para gozar del contacto con la madre naturaleza [que nos da] lecciones para que aprendamos a mirar su grandiosa estética y creación.

Restaurante Los Aljibes. Lanzarote. 1976

environment from the encroachment of human egoism, capable only of seeing the benefits of economic interests in the thorough destruction of nature.

105 The perfection and balance of NATURE, polished over millions of years is the wisest lesson possible for man.

106 The hour has inevitably come to launch a fierce attack on the devastation of the natural environment that we are seeing in the Canary Islands, a destruction which is yet another example of the atrocities committed against the intelligence of mother nature all over the world.

107 We must find time to enjoy contact with mother nature. She teaches us to behold her awe-inspiring aesthetics and creativity.

Los Aljibes Restaurant. Lanzarote. 1976

Lebensräume vor dem unersättlichen menschlichen Egoismus, der in der Zerstörung der Natur nur seinen wirtschaftlichen Vorteil sieht, zu schützen.

105 Die Perfektion und das Gleichgewicht der von Jahrmillionen geschliffenen NATUR sind ihre weiseste Lehre an den Menschen.

106 Aus diesem Grund muss die Zerstörung der natürlichen Umwelt auf den Kanarischen Inseln heute mit grösster Vehemenz angeklagt werden. Sie ist ein weiteres Beispiel für die Schreckenstaten gegen die intelligente Energie der Mutter Natur auf allen Breitengraden der Erde.

107 Wir müssen Zeit gewinnen, um uns am Kontakt mit der mutter natur zu erfreuen. Sie lehrt uns, ihre grossartige Ästhetik und Schöpfung zu betrachten.

Restaurant Los Aljibes. Lanzarote. 1976

108 Parece imposible que después de la catástrofe que supone el haber alterado casi todo el litoral español, borrando las acusadas características que diferencian cada lugar por la completa falta de adecuación, introduciendo gratuitamente una fría estandarización internacional, no hayamos podido todavía aprender la lección, para rectificar y salvar lo que nos queda.

109 Tratándose de un posible deterioro de la Isla [Lanzarote], proceda de donde proceda, no me caso ni con mi madre.

110 Teníamos que recoger y aprender de nuestro propio medio, para crear, sin tener que partir de ninguna idea establecida. Esta ha sido la razón fundamental que ha reforzado su personalidad [la de Lanzarote]. No

108 It seems utterly incredible that, despite the catastrophic alteration of almost the entire Spanish coastline, blurring the traits of each place with a complete lack of adaptation and the gratuitous introduction of a cold international standardization, we have failed to learn the lesson whereby we must stop and save what is left.

109 If anything at all deteriorates the island [of Lanzarote], no matter what its source is, I shall never have anything to do with it.

110 We should learn from and use our own environment to create, without resorting to any preconceived ideas. This is the fundamental factor which has strengthened its personality

108 Es scheint unmöglich, dass wir nach der Katastrophe, welche die fast vollständige Verschandelung der spanischen Küste bedeutete und die unterschiedlichen, jeden Ort kennzeichnenden Eigenschaften ausradierte und eine kühle internationale Normalisierung aufzwang, anstatt sich den örtlichen Begebenheiten anzupassen, die Lektion immer noch nicht gelernt haben, um Korrekturen vorzunehmen und das, was uns verbleibt, zu schützen.

109 Wo die Insel [Lanzarote] möglicherweise gefährdet werden könnte, ganz gleich aus welchem Grund, widersetze ich mich ganz energisch.

110 Wir mussten unsere Umgebung beobachten und aus ihr lernen, um schöpferisch tätig zu sein, ohne von irgend einer vorgefassten Idee auszugehen. Darin ist der wesentliche Grund zu sehen, der die Persönlichkeit [von Lanzarote] gestärkt hat.

Mirador de La Peña.
El Hierro. 1989

Mirador de La Peña (La Peña Lookout).
El Hierro. 1989

Mirador de La Peña (Aussichtspunkt).
El Hierro. 1989

teníamos que copiar a nadie.
Que vinieran a copiarnos.
Lanzarote enseñaba esa
alternativa.

111 No he parado de
luchar por la limpieza
y el orden de la
isla [...].

112 A pesar de todo ello no
voy a renunciar, bien sea con
mis obras o con mis permanentes
denuncias, a la lucha por
nuestra supervivencia y por la
conservación de nuestro
entorno.

113 ¿Sabes, Lanzarote, lo
que puede significar tu
muerte? Si te mueres, será ya
para siempre, siendo
imposible recuperar tu vida.

114 El público ha empezado
a darse cuenta de que lo
importante reside en esa
belleza esencial y eterna que
la naturaleza nos revela
continuamente, y que se
comunica con el principio de

[of Lanzarote]. We did not
have to copy anybody.
Lanzarote taught us this other
alternative.

111 I have never ceased to
fight for the cleanliness and
the good order of things on the
island [...].

112 Despite all, I am not
going to abandon the struggle
for our survival
and for the conservation
of our environment, be it
through my work or
through my constant decrials.

113 Are you aware,
Lanzarote, of what your death
might mean? If you die,
it will be for good. Never will
you be able to recover life.

114 The public has begun
to realize that the things that
matter lie in the essential
beauty which nature
reveals to us constantly,
communicated through
the principle of biological

Wir brauchten bei niemandem
abzuschreiben. Mögen andere
von uns abschreiben. Lanzarote
bietet diese Alternative.

111 Ich habe nie aufgehört,
für die Sauberkeit und
Ordnung der Insel zu
kämpfen [...].

112 Trotz allem werde ich
nicht aufhören, durch meine
Werke oder meine ständigen
Anklagen, um unser
Überleben und die Erhaltung
unserer Umwelt zu
kämpfen.

113 Weisst du auch, Lanzarote,
was dein Tod bedeuten könnte?
Wenn du stirbst, stirbst du für
immer und wirst nie mehr zum
Leben auferweckt werden können.

114 Die Öffentlichkeit hat
allmählich eingesehen,
dass das Wichtige in der
wesentlichen und ewigen
Schönheit, die uns die Natur
stets offenbart, wohnt und mit
dem biologischen

Jardines y piscinas. Hotel Las Salinas. Lanzarote. 1977

Gardens and swimming pools. Las Salinas Hotel. Lanzarote. 1977

Gärten und Schwimmbecken. Hotel Las Salinas. Lanzarote. 1977

Piscina. Fundación César Manrique. Lanzarote
Swimming pool. César Manrique Foundation. Lanzarote
Schwimmbecken. César Manrique-Stiftung Lanzarote

Casa-Museo El Campesino. Lanzarote
Peasant's House and Museum. Lanzarote
Museums-Haus El Campesino. Lanzarote

sensibilidad biológica
consustancial al ser humano.

115 El estar inmerso y en contacto directo con los magmas calcinados de Timanfaya produce una inquietud de absoluta libertad, y se siente una extraña sensación de claro presentimiento sobre el tiempo y el espacio.

116 En Lanzarote se ha trabajado a un nivel de entrega total, en contacto íntimo con su geología, entendiendo su trama y su organismo vulcanológico, logrando el milagro del nacimiento de un nuevo concepto estético, para crear una mayor capacidad del arte e integrarlo en todas sus facetas en una simbiosis totalizadora, como he repetido:
VIDA-HOMBRE-ARTE.

117 Mi lucha por salvar el medio y el estilo de la isla ha

sensitivity natural to mankind.

115 To drink in and be in direct contact with the calcinated magmas of Timanfaya fires restlessness for complete freedom; a strange feeling of clairvoyance into time and space takes over.

116 On Lanzarote, we have worked with utter devotion, in close contact with its geology, understanding its composition and its volcanic essence, achieving the miracle of a new aesthetics, to create a greater capacity for art and to integrate all its facets into an all-embracing symbiosis, which I have described as:
LIFE-MAN-ART.

117 My struggle to save the environment and the character

Empfindungsvermögen des Menschen in Verbindung steht.

115 Der direkte Kontakt mit dem verbrannten Magma von Timanfaya erzeugt eine Unruhe der vollkommenen Freiheit. Man verspürt eine seltsame Empfindung einer Vorahnung von Zeit und Raum.

*116 In Lanzarote ist in völliger Hingabe gearbeitet worden, im engem Kontakt mit der Geologie und im Einvernehmen mit der Struktur und dem vulkanischem Aufbau. Auf diese Weise konnte das Wunder der Entstehung eines neuen ästhetischen Verständnisses erreicht werden, um die Kapazität der Kunst zu vergrössern und sie in allen ihren Facetten in eine ganzheitliche Symbiose einzubeziehen, wie ich sie bereits erwähnt habe:
LEBEN-MENSCH-KUNST.*

117 Mein Kampf um die Errettung der Umwelt und den

sido feroz, pero a pesar de todo no he podido con la autoridad y poder del Estado, que, muchas veces, por su incapacidad estética, empaña esa labor.

118 Mis recuerdos cribados, analizados y rehechos en ese significativo y perfecto espacio son los que me han dado la oportunidad de hacer toda la libertad ante las formas y colores del Atlántico. La naturaleza, en su multiplicidad creadora, me mostraba sus secretas combinaciones de niveles estéticos, que desconocía.

119 Lanzarote es una isla para la meditación y la contemplación […].

120 En esta trepidante y vital energía del cosmos está contenido un insuperable espíritu matemático, orgánica simetría, conceptos extraordinarios del

of the island has been fierce. Yet, in the long run, the authority and power of the state have been too much for me and, with their aesthetic short-sightedness, have often marred my effort.

118 My memories, sorted, analysed, recreated in this perfect, significant space, have given me the opportunity to adapt freely all the forms and colours of the Atlantic. Nature, in its creative multiplicity, revealed to me the secret combinations of its aesthetic levels, of which I had been unaware.

119 Lanzarote is an island for meditation and contemplation […].

120 In the vibrant, vitalistic energy of the cosmos, a supreme mathematical spirit is enclosed, an organic symmetry, marvellous

Charakter der Insel war verbissen. Dennoch habe ich gegen die Behörden und die staatliche Macht, die angesichts ihrer ästhetischen Unfähigkeit viel Schaden anrichten, nichts ausrichten können.

118 *Meine Erinnerungen, geläutert, untersucht und neu erschaffen in diesem bedeutenden und perfekten Raum, haben mir die Gelegenheit verschafft, vor den Formen und Farben des Atlantiks ganz frei zu schaffen. Die natur, in ihrer schöpferischen Vielfalt, hat mir geheime Verbindungen ästhetischer Ebenen, die ich nicht kannte, gezeigt.*

119 *Lanzarote ist eine Insel für die Meditation und die Beschaulichkeit […].*

120 *Diese bebende und lebensstrotzende Energie des Kosmos ist von einem unvergleichlichen mathematischen Geist beseelt, einer organischen Symmetrie, einer*

**Entrada. Jardín de Cactus.
Lanzarote. 1990**
Entrance. Jardín de Cactus (Cactus Garden). Lanzarote. 1990
Jardín de cactus (Kaktusgarten). Lanzarote. 1990

diseño, precisión
absoluta y obstinada
diversidad de belleza,
despilfarro total de millones
de facetas esteticistas, y
una gigantesca inteligencia
creadora, capaz de abarcar
toda capacidad de vuelo,
de estatismo,
de movimiento,
de complicadas
pero perfectas máquinas
capaces de toda posibilidad
de programación.

121 Nosotros, los nacidos en
tu tierra [Lanzarote], los que
sabemos de tu magia, de tu
sabiduría, de tu importante
vulcanología, de tu
revolucionaria estética; los
que hemos luchado por
salvarte de tu sometido
olvido histórico y de la
pobreza que siempre tuviste,
hoy empezamos a temblar de
miedo al observar cómo te
destruyen y masifican, nos
damos cuenta de la
impotencia de nuestras
denuncias y gritos de socorro,

concepts of design,
absolute precision and
the persistent diversity of
beauty, the discharge
of myriad aesthetic forms
and a vast creative
intelligence, capable of
embracing the qualities
of flight, movement,
immobility, of constructing
complex yet perfect
machines which can
design infinite
programmes.

121 Those of us born of you,
[Lanzarote], those of us
who know about your
magic, your wisdom, the
secrets of your volcanic
structure, your revolutionary
aesthetics; those who have
fought to rescue you from your
enforced historical isolation
and the poverty which you
have always suffered, begin to
tremble with fear as we see
how you are destroyed and
submitted to massification. We
realize just how futile our
accusations and cries for help

*aussergewöhnlichen
gestalterischen Auffassung,
absoluter Präzision und
hartnäckiger Vielfalt der
Schönheit, der totalen
Verschwendung tausendfältiger
ästhetischer Facetten, und einer
riesigen schöpferischen
Intelligenz, die fähig ist, jede
Bewegung, jeden Flug und jeden
Stillstand komplexer aber
perfekter Maschinen mit
unendlicher Programmierbarkeit
einzufangen.*

*121 Wir, die wir hier
[Lanzarote] geboren
sind, kennen deine magischen
Kräfte, deine Weisheit, deine
Vulkanologie, deine
revolutionäre Ästhetik; wir,
die wir gekämpft haben,
um dich aus deiner
geschichtlichen
Vergessenheit und der dich
immer kennzeichnenden
Armut zu retten, zittern heute
ob der Feststellung, wie
sie dich zerstören und
vermassen und begreifen, wie
wichtig unsere Proteste und*

ante la avaricia histérica de los especuladores y la falta de decisión de las autoridades que permiten y a veces estimulan la destrucción irreversible de una isla que podría ser una de las de mayor prestigio y belleza de este planeta.

122 Lanzarote es una isla pequeña, con una lógica cabida y un tamaño que permite un número determinado de habitantes. Si realmente queremos tener una isla con el espacio vital para su desarrollo armónico, una inteligente planificación tendría que parar urgentemente la irracionalidad de su caótico crecimiento, que se apoya en normas que, por muy legales que parezcan, resultarían, en cualquier país culto y civilizado, auténticamente delictivas.

123 El deterioro ecológico aumenta con la extracción de

are to the ears of speculators in their hysterical avarice and the authorities' lack of decision that sometimes tolerates and even stimulates the irreversible destruction of an island which could be one of the most beautiful and privileged on this planet.

122 Lanzarote is a small island, with a limited dimension and restricted space which can take a certain number of inhabitants only. If we really want to have an island with a habitat space suited to a balanced development, intelligent planning should put an immediate stop to the irrationality of its chaotic growth, based on rules which, despite an apparent obedience to the law, would be considered, in any civilized, cultured country, [to be thoroughly immoral].

123 Ecological devastation increases with the extraction of

Hilferufe sind, angesichts der Raffgier der Spekulanten und der Tatenlosigkeit der Behörden, die zulassen, dass die Insel, die eine der berühmtesten und schönsten der ganzen Erde sein könnte, unwiderruflich zerstört wird.

122 *Lanzarote ist eine kleine Insel mit einer eigenen Logik und einer Grösse, die eine bestimmte Anzahl Bewohner zulässt. Wenn wir uns wirklich eine Insel mit dem Lebensraum für ihre harmonische Entwicklung erhalten wollen, müsste eine intelligente Planung dem irrationalen und chaotischen Wachstum, das sich auf Vorschriften stützt, die bei allem Anschein der Legalität für jedes kultivierte und zivilisierte Land geradezu verbrecherisch sind, unbedingt Einhalt gebieten.*

123 *Der ökologische Zerfall nimmt mit der Aufschürfung von*

picón de algunos volcanes, que deberían ser intocables. Los volcanes están siendo heridos por palas mecánicas de manera salvaje y [están] convirtiéndolos en basureros, haciéndolos irrecuperables [...].

124 Con esta fecha que hoy anoto [21.4.86], quiero hacer constar mi denuncia ante el caos urbanístico y las barbaries arquitectónicas que se están cometiendo; quiero dejar clara mi actitud y mi conducta con respecto a lo realizado por los lanzaroteños y todo lo creado por mí en la isla, sin que se pueda pensar en una posible indolencia.

125 Lo único que intento lograr es asociarme con la naturaleza, para que ella me ayude a mi y yo ayudarla a ella.

126 Mi alegría de vivir y de crear continuamente me la ha

gravel from the volcanos, which should be left completely untouched. Volcanos are being irreparably damaged by the effect of mechanised digging and [are being] converted into useless rubbish dumps [...].

124 On this day [21.04.86], I want to state in the most vehement terms my condemnation of this urban chaos and the architectural barbarities being committed; I want to make my attitude and my behaviour clear in relation to what Lanzarotians have done and all that I have created on this island, any possible negligence being out of the question.

125 The only thing I aim to achieve is to fuse with nature, so that she may be able to help me and I may be able to help her.

126 My joie de vivre, my joy at the fact of constant creation,

Vulkanen, die nicht berührt werden dürften, zu. Die Vulkane werden mit mechanischen Schaufelbaggern malträtiert und in Müllhalden verwandelt, womit sie unwiederbringlich verloren gehen [...].

124 *Mit heutigem Datum [21.04.86], möchte ich meine Anklage des raumplanerischen Chaos und der architektonischen Barbareien, die begangen werden, festhalten; ich möchte meine Haltung und mein Vorgehen angesichts dessen, was die Einwohner von Lanzarote und ich auf dieser Insel geschaffen haben, mit aller Deutlichkeit festhalten, damit niemand auf eine eventuelle Gleichgültigkeit schliessen kann.*

125 *Das Einzige, was ich zu erreichen versuche, ist mein Verbund mit der natur, damit wir einander gegenseitig helfen können.*

126 *Meine Lebensfreude und Schaffenskraft schöpfe ich aus*

Jardín de Cactus. Lanzarote. 1990

Cactus Garden. Lanzarote. 1990

Jardín de cactus (Kaktusgarten). Lanzarote. 1990

dado el haber estudiado, contemplado y amado la gran sabiduría de la naturaleza.

127 Siempre he buscado en la naturaleza su condición esencial, su verdad oculta: el sentido de mi vida. La magia y el misterio que he hallado en ese largo camino de rastreo son tan reales como la realidad aparente y tangible.

128 Hasta ahora el hombre ha dominado torpemente a la naturaleza, violentándola, ʼsin embargo las consecuencias de este abuso irracional ya no pueden prolongarse, por estar en juego la supervivencia de la especie.

129 Creo que el hombre empieza a darse cuenta de ser el gran depredador de su propio patrimonio natural, para reaccionar trabajando y reconstruyendo la riqueza original de vida

derives from the study, the contemplation and the love of Nature's grandiose wisdom.

127 I have always sought in nature its essential condition, its hidden sense: the meaning of my life. The wonder and mystery which I have found on that long exploratory trail are as real, as apparent, as tangible reality.

128 Until now, man has crassly dominated and violated nature. However, the consequences of this irrational abuse can no longer continue, for now the survival of the whole human species is at stake.

129 I think that man is beginning to realize that he has been the great devastator of his own natural inheritance and that he will therefore react by working hard and reconstructing the orignal

dem Studium, der Betrachtung und der Liebe der grossen Weisheit der Natur.

127 Ich habe in der natur stets ihre wesentliche Eigenschaft, ihre verborgene Wahrheit gesucht: den Sinn meines Lebens. Der Zauber und das Mysterium, die ich auf diesem langen Weg der Suche gefunden habe, sind so real wie die offenkundige und berührbare Realität.

128 Bis heute hat der Mensch die Natur in plumper Weise beherrscht und vergewaltigt; aber die Folgen dieses irrationalen Missbrauchs können nicht mehr weiter fortgesetzt werden, weil das Überleben des Menschen auf dem Spiel steht.

129 Ich glaube, der Mensch beginnt allmählich zu verstehen, dass er der grosse Plünderer seines eigenen natürlichen Erbes ist und arbeitet nun an der Wieder-herstellung der ursprünglichen Vielfalt des

Burbuja volcánica. Fundación César Manrique. Lanzarote
Volcanic bubble. César Manrique Foundation. Lanzarote
Vulkanische Blase. César Manrique-Stiftung. Lanzarote

Detalle de maqueta. La Vaguada. Madrid. 1982
Part of the scale model. La Vaguada. Madrid. 1982
Teilansicht des Modells. La Vaguada. Madrid. 1982

que encontró en torno suyo en el amanecer de la humanidad.

130 Creo que estamos siendo testigos de un momento histórico en donde el enorme peligro del destrozo del medio es tan evidente que tenemos que entrar en una nueva responsabilidad con respecto al futuro.

131 El primero de nuestros bienes culturales es la naturaleza, es el espacio donde vivimos. Este es nuestro mejor patrimonio, tantas veces destruido y machacado por el torpe egoísmo de unos muchos, sin una visión clara de futuro, desde la insolidaridad y la falta de interés por lo que es de todos.

abundance of life that he once found all around him at the dawn of mankind.

130 I believe that we are witnessing an historical moment where the huge danger to the environment is so evident that we must conceive a new responsibility with respect to the future.

131 The first of our cultural values is nature, it is the land we inhabit. This is our most worthy inheritance, so often devastated and destroyed by the slothful selfishness of so many, lacking in all foresight, from their stance of selfcentredness and indifference towards universal values.

Lebens, die er am Anfang seiner Geschichte vorgefunden hat.

130 *Ich glaube, wir sind Zeugen eines historischen Moments und die riesige Gefahr aus der Zerstörung der Umwelt ist heute so offensichtlich, dass wir im Hinblick auf die Zukunft eine neue Verantwortung zu übernehmen haben.*

131 *Höchstes aller kulturellen Güter ist die Natur, unser Lebensraum. Darin besteht unser wertvollstes Erbe, das vom grobschlächtigen Egoismus vieler Menschen ohne klare Vision der Zukunft aus mangelnder Solidarität und fehlendem Interesse für das Allgemeingut so oft zerstört und beschädigt wurde.*

CRONOLOGÍA

CHRONOLOGY

BIOGRAPHISCHE DATEN

1919

El 24 de abril nace en Arrecife. Lanzarote.

1942

Primera exposición individual. Arrecife. Lanzarote.

1945

Se traslada becado a Madrid. En la Escuela Superior de Bellas Artes de San Fernando inicia estudios, que concluye en 1950.

1953

Primeras investigaciones de pintura no figurativa.

1954

Participa en la fundación de la Galería Fernando Fe. Madrid. Primera exposición de pintura abstracta en la Galería Clan. Madrid.

1955

Participa en la XXVIII Bienal de Venecia y en la III Bienal Hispanoamericana [La Habana. Cuba].

1959

Toma parte en exposiciones colectivas dedicadas a la joven pintura española exhibidas en París, Friburgo, Basilea, Munich, Río de Janeiro, Buenos Aires, Montevideo, Lima, Santiago de Chile, Valparaíso y Bogotá.

1960

Participa en la XXX Bienal de Venecia. En los primeros años de esta década expone en España, Europa y Estados Unidos.

1965

Traslada su residencia a Nueva York.

1919

Born in Arrecife, Lanzarote, on April 24th.

1942

First individual exhibition. Arrecife. Lanzarote.

1945

Receives a scholarship to attend the Escuela Superior de Bellas Artes de San Fernando [San Fernando Shool of Fine Arts] in Madrid, where he finishes his studies in 1950.

1953

Early experiments with non-figurative painting.

1954

Co-founds the Fernando Fe Gallery. Madrid. First abstract painting exhibition at the Clan Gallery. Madrid.

1955

Participates in the 28th Venice Biennial and the 3rd Latin American Biennial [Havana. Cuba].

1959

Participates in collective exhibitions devoted to young Spanish painters in Paris, Fribourg, Basle, Munich, Rio de Janeiro, Buenos Aires, Montevideo, Lima, Santiago de Chile, Valparaiso and Bogota.

1960

Participates in the 30th Venice Biennial. Exhibitions in Spain, Europe and the United States in the early Sixties.

1965

Moves to New York.

1919

Am 24. April wird César Manrique in Arrecife, Lanzarote geboren.

1942

Erste Einzelaustellung. Arrecife. Lanzarote.

1945

Er bekommt ein Stipendium, zieht nach Madrid und beginnt das Studium an der Hochschule für Schöne Künste von San Fernando, welches er 1950 abschliesst.

1953

Erste Versuche auf dem Gebiet der nichtfigurativen Malerei.

1954

Er ist Mitbegründer der Galerie Fernando Fe in Madrid. Erste Ausstellung abstrakter Malerei in der Galerie Clan. Madrid.

1955

Teilnahme an der XXVIII. Biennale von Venedig sowie der III. Hispanoamerikanischen Biennale in Havanna, Kuba.

1959

Beteiligung and Kollektivausstellungen zur Jungen Spanischen Malerei in Paris, Freiburg, Basel, München, Rio de Janeiro, Buenos Aires, Montevideo, Lima, Santiago de Chile, Valparaiso und Bogota.

1960

Teilnahme an der XXX Biennale von Venedig. In den ersten Jahren dieses Jahrzehnts stellt er in Spanien, Europa und den USA aus.

1965

Manrique verlegt seinen Wohnsitz nach New York.

1966

Se inaugura la primera fase de los Jameos del Agua. Lanzarote.
Expone en **Nueva York, en la Galería Catherine Viviano.**

1968

Regresa definitivamente a Lanzarote.
Instala en el centro de la isla la escultura monumental **"Fecundidad"**, homenaje al campesino, y construye la Casa-Museo El Campesino **en el mismo emplazamiento.**
Construye la primera fase de casa Taro de Tahíche. Lanzarote.

1970

Da comienzo al proyecto de Costa Martiánez. **Tenerife.**
Realiza el Restaurante El Diablo **en las Montañas de Fuego. Timanfaya. Lanzarote.**
Durante esta década continúa exponiendo en España y Europa.

1973

Concluye el Mirador del Río. **Haría. Lanzarote.**

1974

Publica *Lanzarote, arquitectura inédita*.
Lleva a cabo el espacio cultural Centro Polidimensional El Almacén. **Arrecife. Lanzarote.**

1976

Comienza el **Auditorio de los** Jameos del Agua. **Haría. Lanzarote.**
Realiza el restaurante Los Aljibes. **Tahíche. Lanzarote.**
Inauguración del Museo Internacional de Arte

1966

Inauguration of the first stage of "Jameos del Agua". Lanzarote.
Exhibitions in New York, at the Catherine Viviano Gallery.

1968

Moves back to Lanzarote.
Installs the sculpture "Fecundity", his monumental tribute to peasant farmers, and builds the adjacent **Peasant House and Museum** in the centre of the island.
Builds the first stage of his house, **Taro de Tahíche**. Lanzarote.

1970

Begins work on the **Costa Martiánez** Project. Tenerife.
Designs the **El Diablo Restaurant** in the Montañas del Fuego ["Fire Mountains"], Timanfaya. Lanzarote.
Exhibitions in Spain and other European countries throughout this decade.

1973

Finishes work on the **Mirador del Río** ["El Río" Lookout], Haría. Lanzarote.

1974

Publishes *Lanzarote, arquitectura inédita* [Lanzarote, unknown architecture].
Builds the centre for the arts **Centro Polidimensional el Almacén** ["The Warehouse" Multi-dimensional Centre], Arrecife. Lanzarote.

1976

Begins work on the auditorium in **Jameos del Agua**. Haría. Lanzarote.
Designs the **Los Aljibes** restaurant. Tahíche. Lanzarote.
Inauguration of the **Museo Internacional de Arte Contemporáneo** [International Museum of

---

1966

Einweihung des ersten Abschnittes der Jameos del Agua. Lanzarote.
Ausstellung in New York, in der Galerie Catherine Viviano.

1968

Endgültige Rückkehr nach Lanzarote.
Manrique installiert im Zentrum der Insel dem Bauern zu Ehren die Monumentalskulptur "Fruchtbarkeit" und baut am gleichen Ort das Museumshaus El Campesino [Der Bauer].
Er baut den ersten Teil seines Hauses **Taro de Tahíche**. Lanzarote.

1970

Beginn des Projektes von **Costa Martiánez**. Tenerife.
Gestaltung des **Restaurants El Diablo** in den Montañas del Fuego [Feuerberge]. Timanfaya. Lanzarote.
Er stellt auch in diesem Jahrzehnt in Spanien und Europa aus.

1973

Fertigstellung des **Mirador del Río**. Haría. Lanzarote.

1974

Veröffentlichung von Lanzarote, arquitectura inédita [Lanzarote, unbekannte Architektur].
Gestaltung des kulturellen Raumes Centro **Polidimensional El Almacén** [Polidimensionales Zentrum El Almacén]. Arrecife. Lanzarote.

1976

Beginn des Auditoriums der **Jameos del Agua**. Haría. Lanzarote.
Gestaltung des Restaurants Los Aljibes. Tahíche. Lanzarote.
Einweihung des **Museo Internacional de Arte Contemporáneo** [Internationales Museum für

Contemporáneo, instalado en el Castillo de San José, restaurado y acondicionado para tal fin. Arrecife. Lanzarote.

1977

Jardinería y piscinas del Hotel Las Salinas. Costa Teguise. Lanzarote.

1980

Se le concede la Medalla de Oro de Bellas Artes. La ciudad de Goslar [Alemania] le otorga el "Premio Goslarer Monchenhsus-Preises fur Kunst und Umwelt 1981".
Durante esta década continúa exponiendo en España y Europa.

1982

Le es concedida la "Nederlans Laureat Van D'Abeod", de Holanda.

1983

Se inaugura el Centro Comercial Madrid-2. La Vaguada. **Madrid.**

1986

Se le concede el Premio Europa Nostra por su trabajo artístico y medioambiental en Lanzarote.

1987

Inauguración del Auditorio de los Jameos del Agua.

1988

Traslada su residencia a su nueva casa de Haría, construida y decorada por el artista.
Publica *Escrito en el fuego*.

1989

Inaugura el Mirador de la Peña. **El Hierro.**

Contemporary Art], installed in the San José Castle, specifically restored for this purpose. Arrecife. Lanzarote.

1977

Las Salinas Hotel gardens and swimming pools. Lanzarote.

1980

Awarded the Fine Arts Gold Medal.
The city of Goslar, Germany, awards him the "Goslarer Mönchenhaus-Preises für Kunst und Umwelt 1981".
Exhibitions in Spain and other European countries during this decade.

1982

Awarded the "Nederlans Laurent Van D'Abeod". Holland.

1983

Inauguration of **Centro Comercial Madrid-2** ["Madrid-2" shopping mall], "La Vaguada". Madrid.

1986

Awarded the Europa Nostra Prize for artistic and environmental achievements in Lanzarote.

1987

Inauguration of the **Jameos del Agua Auditorium.**

1988

Moves to new home at Haría, built and decorated by the artist.
Publishes *Escrito en el fuego* [Written in fire].

1989

Inauguration of the **Mirador de la Peña** ["La Peña"

Gegenwartskunst] in der Festung von San José, die für diesen Zweck restauriert und hergerichtet wird. Arrecife, Lanzarote.

1977

Gartenanlagen und Swimmingpools im Hotel Las Salinas. Costa Teguise. Lanzarote.

1980

Manrique wird mit der Goldmedaille der Schönen Künste geehrt.
Die Stadt Goslar [Deutschland] verleiht ihm den "Goslarer Mönchenhaus-Preis für Kunst und Umwelt 1981".
Über das ganze Jahrzehnt Ausstellungen in Spanien und Europa.

1982

Ihm wird die "Nederlans Laureat Van D'Abeod" von Holland verliehen.

1983

Einweihung des **Einkaufszentrums Madrid-2** La Vaguada. Madrid.

1986

Ihm wird der Preis Europa Nostra für seine künstlerische und umweltgestalterische Arbeit in Lanzarote verliehen.

1987

Einweihung des **Auditoriums der Jameos del Agua.**

1988

Er verlegt seinen Wohnort in sein neues Haus in Haria, das von ihm selbst errichtet und dekoriert wurde. Veröffentlichung von Escrito en el fuego [Im Feuer geschrieben].

1989

Einweihung des **Mirador de la Peña**. El Hierro.

Anteproyecto del Parque Marítimo del Mediterráneo. **Ceuta.**
Recibe el Premio Canarias de Bellas Artes, instituido por el Gobierno de Canarias.
Proyecto del Mirador de Valle del Gran Rey. **La Gomera.**
Es nombrado miembro del Comité español del programa MAB [El hombre y la biosfera], de la UNESCO.
Recibe el "Premio Fritz Schumacher" de la Fundación F.S.V. de Hamburgo.

1990

Inauguración del Jardín de Cactus. **Guatiza. Lanzarote.**

1991

Proyecto del Parque Marítimo de Santa Cruz. **Tenerife.**
Exposición antológica itinerante organizada por el Gobierno de Canarias. Centro de Arte "La Regenta". Las Palmas de Gran Canaria.

1992

Inauguración de la Fundación César Manrique **en su antigua residencia de Taro de Tahíche.**
Exposición individual en la Expo-92 de Sevilla. Salas de El Arenal.
El 25 de septiembre muere en accidente de tráfico. Tahíche. Lanzarote.

Lookout]. El Hierro.
Preliminary project for the **Parque Marítimo del Mediterráneo** [Mediterranean Maritime Park], Ceuta.
Receives the Canary Islands Prize for the Fine Arts, instituted by the Canary Islands Government.
Designs the Valle del Gran Rey Lookout. La Gomera.
Designated member of the Spanish Committee to the UNESCO MAB [Man and Biosphere] Programme.
Receives the Hamburg F.V.S. Foundation's "Fritz Schumacher" prize.

1990

Inauguration of the **Jardín del Cactus** [Cactus Garden], Guatiza. Lanzarote.

1991

Parque Marítimo de Santa Cruz [Santa Cruz Maritime Park] project. Tenerife.
Travelling anthological exhibition organized by the Canary Islands Government, "La Regenta" Art Centre. Las Palmas de Gran Canaria.

1992

Inauguration of the **César Manrique Foundation** in former residence at Taro de Tahíche.
Individual exhibition during the Expo-92 World Fair at Seville. Arenal Rooms.
September 25th, dies in automobile accident. Tahíche. Lanzarote.

Entwurf für den Parque **Marítimo del Mediterráneo** *[Mediterraner Meerespark]. Ceuta.*
Manrique erhält den Preis für Schöne Künste der Kanaren von der Regierung der Kanarischen Inseln.
Entwurf des Mirador [Aussichtspunkt] im Valle del Gran Rey. La Gomera.
Er wird zum Mitglied des Spanischen Komitees für das UNESCO-Programm MAB [Der Mensch und die Biosphäre] ernannt.
Erhält den "Fritz-Schumacher-Preis" der F.V.S.- Stiftung, Hamburg.

1990

Einweihung des **Jardín de Cactus** *[Kaktusgarten]. Guatiza. Lanzarote.*

1991

Entwurf des **Parque Marítimo de Santa Cruz** *[Meerespark von Santa Cruz]. Teneriffa.*
Retrospektive Wanderausstellung seines Werkes, organisiert durch die Regierung der Kanarischen Inseln. Kunstzentrum "La Regenta". Las Palmas de Gran Canaria.

1992

Einweihung der **Stiftung César Manrique** *in seinem alten Haus in Taro de Tahíche.*
Einzelausstellung auf der Weltausstellung 1992 in Sevilla. Salas del Arenal.
Am 25. September findet er bei einem Verkehrsunfall den Tod. Tahíche. Lanzarote.

NOTAS BIBLIOGRÁFICAS

BIBLIOGRAPHY

BIBLIOGRAPHISCHE DATEN

Los fragmentos recogidos en el presente libro están extraídos de los textos de César Manrique que se reseñan a continuación:

"LO QUE SIENTO AL VER DONDE ESTOY", en *César Manrique, Lanzarote*, Belser Verlag, Stuttgart und Zurich, 1982, pp. 12-13. Recogido en *César Manrique, Escrito en el fuego* [en adelante se citará E.F.], edición y prólogo de L. Santana, Edirca, Las Palmas de Gran Canaria, 1988, pp. 17-21. Archivo Fundación César Manrique [en adelante se citará A. FCM], archivador 20, registro 5 TEX CM; se conservan dos copias mecanografiadas de 7 y 10 folios respectivamente, sin fecha.
Fragmentos: 8, 33, 34, 35 y 120.

"VALE LA PENA VIVIR", en la obra citada, pp. 106-108. Recogido en *César Manrique, E.F.*, pp. 22-28. A. FCM, arch. 20, reg. 4 TEX CM, fotocopia de 5 folios mecanografiados con la firma de César Manrique, sin fecha.
Fragmentos: 9, 36, 37, 38, 86, 87, 117 y 126.

"LA CREACIÓN TOTAL", publicado en *César Manrique, E.F.*, pp. 29-30.
Fragmentos: 39, 40, 53 y 88.

[ENTREVISTA A CÉSAR MANRIQUE], *Fablas*, n.º 68, diciembre de 1976, pp. 5-6. Recogida en *César Manrique, E.F.*, pp. 31-33. En A. FCM se conservan las respuestas en tres folios mecanografiados escritos a doble espacio, arch. 21, reg. 32 TEX CM, sin fecha.
Fragmentos: 41, 42, 43 y 81.

"OPTIMISMO UTÓPICO", en *César Manrique*, Braus, Heidelberg, 1988. Recogido en *César Manrique, E.F.*, pp. 38-42. A. FCM, arch. 21, reg. 42 TEX CM, 4 folios y medio mecanografiados a doble espacio, sin fecha.
Fragmentos: 45, 46, 47, 49, 50 y 97.

"ARTE-MEDIO AMBIENTE", publicado en *César Manrique, E.F.*, pp. 48-51. A. FCM, arch. 21, reg. 20

The fragments compiled in this book have been selected from texts by César Manrique, listed as follows:

"LO QUE SIENTO AL VER DONDE ESTOY" [What I feel when I see where am], in *César Manrique, Lanzarote*, by Belser Verlag, Stuttgart and Zurich, 1982, pp, 12-13. Included in Lázaro Santana's compilation of texts by César Manrique in his book *Escrito en el fuego* Edirca, Las Palmas de Gran Canaria, 1988, pp 17-21, [here after: E.F.]. Archive of the César Manrique Foundation, [here after: CMF Ar], file 20, register 5 TEX CM; there are two typed copies conserved, of 7 and 10 pages respectively, without a date.
Fragments: 8, 33, 34, 35 and 120.

"VALE LA PENA VIVIR" [Life's worth living], In op. cit. pp 106-108. Published in *César Manrique, E.F.*, pp 22-28. CMF Ar. 20, reg. 4 TEX CM, photocopy of 5 typed pages with the signature of César Manrique, no date.
Fragments: 9, 36, 37, 38, 86, 87, 117 and 126.

"LA CREACIÓN TOTAL" [Total creation], published in *César Manrique, E.F.*, pp 29-30.
Fragments: 39, 40, 53 and 88.

[INTERVIEW WITH CÉSAR MANRIQUE], *Fablas*, no. 68, December 1976, pp 5-6. Published in *César Manrique, E.F.*, pp 31-33. In the CMF are kept the answers to the questions in three typed pages with double spacing, without date, ar. 21, reg. 32 TEX CM.
Fragments: 41, 42, 43 and 81.

"OPTIMISMO UTÓPICO" [Utopic optimism], in *César Manrique*, Braus, Heidelberg, 1988. Published in *César Manrique, E.F.*, pp 38-42. CMF Ar. ar. 21, reg. 42 TEX CM, four pages and a half, typed with double spacing, without date.
Fragments: 45, 46, 47, 49, 50 and 97.

"ARTE-MEDIO AMBIENTE" [Art-Environment], published in *César Manrique, E.F.*, pp 48-51. CMF Ar. ar.

Die Fragmente des vorliegenden Buchs sind Auszüge aus den nachstehend aufgeführten Texten von César Manrique:

"LO QUE SIENTO AL VER DONDE ESTOY" [Empfindungen einer Standortbestimmung], aus *César Manrique, Lanzarote*, Belser Verlag, Stuttgart und Zürich, 1982, S. 12-13. Aufgeführt in *César Manrique, Escrito en el fuego* [im folgenden E.F. genannt], Ausgabe und Vorwort von L. Santana, Edirca, Las Palmas de Gran Canaria, 1988, S. 17-21. Archiv César Manrique-Stiftung [im folgenden A. FCM genannt], Ordner 20, Register 5 TEX CM; es werden zwei maschinengeschriebene Kopien von 7 bzw. 10 Seiten ohne Datierung aufbewahrt.
Fragmente: 8, 33, 34, 35 und 120.

"VALE LA PENA VIVIR" [Das Leben ist es wert, gelebt zu werden], cit. op., S. 106-108. Aufgeführt in *César Manrique, E.F.*, S. 22-28, A. FMC, arch. 20, reg. 4 TEX CM, Photokopie von 5 maschinengeschriebenen Seiten, mit Unterschrift von César Manrique, ohne Datierung.
Fragmente: 9, 36, 37, 86, 87, 117 und 126.

"LA CREACION TOTAL" [Die totale Schöpfung], veröffentlicht in *César Manrique, E.F.*, S. 29-30.
Fragmente: 39, 40, 53 und 88.

[INTERVIEW MIT CESAR MANRIQUE], *Fablas*, Nr. 68, Dezember 1976, S. 5-6. Aufgeführt in *César Manrique, E.F.*, S. 31-33. In A. FCM werden die Antworten auf drei maschinengeschriebenen Seiten, doppelte Zeilenschaltung, aufbewahrt, arch. 21, reg. 32 TEX CM, ohne Datierung.
Fragmente: 41, 42, 43 und 81.

"OPTIMISMO UTOPICO" [Utopischer Optimismus], aus *César Manrique*, Braus, Heidelberg, 1988. Aufgeführt in *César Manrique, E.F.*, S. 38-42. A. FCM, arch. 21, reg. 42 TEX CM, 4 1/2 maschinengeschriebe Seiten, doppelte Zeilenschaltung, ohne Datierung.
Fragmente: 45, 46, 47, 48, 49, 50 und 97.

"ARTE-MEDIO AMBIENTE" [Kunst-Umwelt], veröffentlicht in *César Manrique, E.F.*, S. 48-51. A. FCM, arch. 21, reg. 20

TEX CM, 5 folios y medio mecanografiados a doble espacio, sin fecha.
Fragmentos: 16, 17, 44, 48, 90, 91 y 98.

"MIS IDEAS SOBRE EL ARTE ACTUAL Y SUS CONSECUENCIAS", publicado en César Manrique, *E.F.*, pp. 52-58. A. FCM, arch. 21, reg. 21 ESO CM, 2 folios y medio manuscritos, sin fecha. En el archivo se guarda también otra versión, la última y corregida, de 9 folios mecanografiados a doble espacio, arch. 21, reg. 44 TEX CM.
Fragmentos: 2, 75, 92, 93, 94 y 95.

"MIS IDEAS SOBRE EL ARTE Y TODAS SUS POSIBLES APLICACIONES EN LA SALVACIÓN DEL MEDIO", publicado en César Manrique, *E.F.*, pp. 59-60. A. FCM, arch. 21, reg. 21 ESO CM, 2 folios y medio manuscritos, 30 de junio de 1988. Se conserva en el archivo otra versión, mecanografiada, 2 folios, arch. 21, reg. 43 TEX CM.
Fragmento: 76.

"VICENTE VELA", texto de presentación incluido en el desplegable de la exposición de Vicente Vela realizada en El Aljibe, Arrecife de Lanzarote, agosto de 1975. Recogido en César Manrique, *E.F.*, pp. 77-78.
Fragmento: 115.

"JESÚS SOTO", texto escrito en el vuelo New York-Miami, el 8 de abril de 1982. Recogido en César Manrique, *E.F.*, pp. 79-81. A. FCM, con el título "Sobre Jesús Soto", arch. 21, 34 TEX CM, 2 folios mecanografiados a doble espacio con la firma autógrafa de Manrique, 8.4.82.
Fragmento: 27.

"MOTIVACIÓN DE CÉSAR MANRIQUE", en César Manrique, *Lanzarote, arquitectura inédita*, Excmo. Cabildo Insular de Lanzarote, San Sebastián, 1974. Recogido en César Manrique, *E.F.*, pp. 85-89.
Fragmentos: 77 y 108.

21, reg. 20 TEX CM, five and a half pages, typed double-spaced, no date.
Fragments: 16, 17, 44, 48, 90, 91 and 98.

"MIS IDEAS SOBRE EL ARTE ACTUAL Y SUS CONSECUENCIAS" [My ideas on contemporary art and its consequences], published in César Manrique, *E.F.*, pp 52-58. CMF Ar. ar. 21, reg. 21 ES0 CM, two and a half manuscript pages, no date. In the Archive there is a further version, the definitive, corrected one, de 9 type-written pages with double spacing, arch. 21, reg. 44 TEX CM.
Fragments: 2, 75, 92, 93, 94 and 95.

"MIS IDEAS SOBRE EL ARTE Y TODAS SUS POSIBLES APLICACIONES EN LA SALVACIÓN DEL MEDIO" [My ideas on art and all its possible applications in the preservation of the environment], published in César Manrique, *E.F.*, pp 59-60. CMF Ar. ar. 21, reg. 21 ES0 CM, two and a half manuscript pages, 30th June 1988. There is another type-written version kept in the Archive, 2 pages, ar. 21, reg. 43. TEX CM.
Fragment: 76.

"VICENTE VELA", introductory text included in the programme of Vicente Vela's exhibition held at El Aljibe, Arrecife de Lanzarote, August 1975. Published in César Manrique, *E.F.*, pp 77-78.
Fragment: 115.

"JESÚS SOTO", text written during the flight New York-Miami, 8th April 1982. Published in César Manrique, *E.F.*, pp 79-81. CMF Ar. with title "Sobre Jesús Soto", ar. 21, 34 TEX CM, 2 pages type-written double-spaced with the autographic signature of Manrique, 08.04.82.
Fragment: 27.

"MOTIVACIÓN DE CÉSAR MANRIQUE" [César Manrique's motivation], in *Lanzarote arquitectura inédita*, by César Manrique [*Lanzarote, unknown architecture*], published by the Excmo. Cabildo Insular de Lanzarote, San Sebastián, 1974. Published in César Manrique, *E.F.*, pp 85-89.
Fragments: 77 and 108.

TEX CM, 5 1/2 maschinengeschriebene Seiten, doppelte Zeilenschaltung, ohne Datierung.
Fragmente: 16, 17, 44, 48, 90, 91 und 98.

"MIS IDEAS SOBRE EL ARTE ACTUAL Y SUS CONSECUENCIAS" *[Meine Gedanken zur aktuellen Kunst und ihren Auswirkungen], veröffentlincht in César Manrique, E.F., S. 52-58. A. FCM, arch. 21, reg. 21 ESO CM, 2 1/2 maschinengeschriebene Seiten, doppelte Zeilenschaltung, ohne Datierung. Im Archiv wird weiter eine zweite, neuere korrigierte Version aufbewahrt, 9 maschinengeschriebene Seiten, doppelte Zeilenschaltung, arch. 21, reg. 44 TEX CM.*
Fragmente: 2, 75, 92, 93, 94 und 95.

"MIS IDEAS SOBRE EL ARTE Y TODAS SUS POSIBLES APLICACIONES EN LA SALVACION DEL MEDIO" *[Meine Gedanken zur Kunst und allen ihren Anwendungsmöglichkeiten für die Rettung der Umwelt] veröffentlicht in César Manrique, E.F., S. 59-60. A. FCM, arch. 21, reg. 21 ESO CM, 2 1/2 maschinengeschriebene Seiten, doppelte Zeilenschaltung, vom 30. Juni 1988. Im Archiv wird eine weitere maschinengeschriebene Version aufbewahrt, 2 Seiten, arch. 21, reg. 433 TEX CM.*
Fragmente: 76.

"VICENTE VELA"*, Vorstellung, auf Faltschrift der Ausstellung von Vicente Vela in El Aljibe, Arrecife de Lanzarote, August 1975. Aufgeführt in César Manrique, E.F., S. 77-78.*
Fragmente: 115.

"JESUS SOTO"*, Text, geschrieben während des Flugs von New York nach Miami, am 8. April 1982. Aufgeführt in César Manrique, E.F., S. 79-81. A. FCM, mit dem Titel "Sobre Jesús Soto" [Über Jesus Soto], arch. 21, 34 TEX CM, 2 maschinengeschriebene Seiten, doppelte Zeilenschaltung mit Unterschrift von Manrique, 8.04.82.*
Fragmente: 27.

"MOTIVACION DE CESAR MANRIQUE"*, aus César Manrique, Lanzarote, arquitectura inédita [Lanzarote, ungewöhnliche Architektur], Excmo. Cabildo Insular de Lanzarote, San Sebastián, 1974. Aufgeführt in César Manrique, E. F., S. 85-89.*
Fragmente: 77 und 108.

"SABER VER Y NO MIRAR ES LA CLAVE DEL CONOCIMIENTO", publicado en César Manrique, *E.F.*, pp. 94-97. A. FCM, arch. 21, reg. 2 ESO CM, 2 folios manuscritos por ambas caras, sin fecha. Se conserva en el archivo un segundo texto mecanografiado, arch. 21, reg. 19 TEX CM, 2 folios y medio, con firma autógrafa de Manrique, sin fecha.
Fragmento: 4.

"S.O.S. POR LANZAROTE", publicado en César Manrique, *E.F.*, pp. 104-109. A. FCM, arch. 21, reg. 33 TEX CM, sin fecha. Se conservan varias versiones corregidas con el mismo registro, 11.5.78.
Fragmento: 109.

"CONSIDERACIONES EN TORNO AL MEDIO AMBIENTE EN CANARIAS", publicado en César Manrique, *E.F.*, pp. 110-122. A. FCM, arch. 21, reg. 25 TEX CM, 9 folios mecanografiados a un espacio, sin fecha.
Fragmentos: 28, 29, 110, 111 y 112.

"MOMENTO DE PARAR", publicado en César Manrique, *E.F.*, pp. 123-124. A. FCM, sin título, arch. 21, 24 ESO CM, tres folios manuscritos, sin fecha. Se conserva en el archivo el mismo texto mecanografiado, sin título, arch. 21, reg. 21 TEX CM, dos folios largos a doble espacio, sin fecha.
Fragmentos: 7 y 30.

"LANZAROTE SE ESTÁ MURIENDO" texto leído por Manrique en una rueda de prensa celebrada en Madrid el 21 de abril de 1986. Recogido en César Manrique, *E.F.*, pp. 125-132. En A. FCM, se guardan dos textos manuscritos con ligeras variaciones, arch. 21, reg. 17 ESO CM; también se conserva una copia mecanografiada, 10 folios y medio a doble espacio, arch. 21, reg. 27 TEX CM.
Fragmentos: 62, 113, 116, 121, 122, 123 y 124.

"FAUNA ATLÁNTICA", poema incluido en el catálogo *Fauna Atlántica-Banderas del Cosmos*,

"SABER VER Y NO TOCAR ES LA CLAVE DEL CONOCIMIENTO" [To know how to see and not to touch is the key to knowledge], published in César Manrique, *E.F.*, pp 94-97. CMF Ar. ar. 21, reg. 2 ES0 CM, two manuscript pages on both sides, without date. There is a second type-written text kept in the Archive, ar. 21, reg. 19 TEX CM, two and a half pages with César Manrique's signature, undated.
Fragment: 4.

"S.O.S. POR LANZAROTE" [SOS for Lanzarote], published in César Manrique, *E.F.*, pp 104-109. CMF Ar. ar. 21, reg. 33 TEX CM, undated. Many versions corrected are kept in the same register, 11.05.78.
Fragment: 109.

"CONSIDERACIONES EN TORNO AL MEDIO AMBIENTE EN CANARIAS" [Considerations on the Canarian environment], published in César Manrique, *E.F.*, pp 110-122. CMF Ar. ar. 21, reg. 25 TEX CM, 9 single-spaced type-written pages, undated.
Fragments: 28, 29, 110, 111 and 112.

"MOMENTO DE PARAR" [A time to stop], published in César Manrique, *E.F.*, pp 123-124. CMF Ar, untitled, ar. 21, 24 ES0 CM, three manuscript pages, undated. The same type-written text also in the Archive, untitled, ar. 21, reg. 21 TEX CM, two long pages double-spaced, undated.
Fragments: 7 and 30.

"LANZAROTE SE ESTÁ MURIENDO" [Lanzarote is dying], a text read by César Manrique in a press conference held in Madrid 21st April 1986. Published in César Manrique, *E.F.*, pp 125-132. In CMF Ar., two manuscript texts with slight variations are kept, ar. 21, reg. 17 ES0 CM; there is also a type-written copy, ten and a half pages double-spaced, ar. 21. reg. 27 TEX CM.
Fragments: 62, 113, 116, 121, 122, 123 and 124.

"FAUNA ATLÁNTICA" [Atlantic Fauna], poem included in the catalogue *Fauna Atlántica-Banderas del*

"SABER VER Y NO MIRAR ES LA CLAVE DEL CONOCIMIENTO" [Der Schlüssel zur Erkenntnis liegt im Sehen-Können, nicht im Hinschauen], veröffentlicht in César Manrique, *E.F.*, S. 94-97. A. FCM, arch. 21, reg. 2 ESO CM, 2 beidseitig von Hand geschriebene Seiten, ohne Datierung. Im Archiv wird ein zweiter, maschinengeschriebener Text aufbewahrt, arch. 21, reg. 19 TEX CM, 21/2 Seiten, mit Unterschrift von Manrique, ohne Datierung.
Fragmente: 4.

"S.O.S. POR LANZAROTE", veröffentlicht in César Manrique, *E.F.*, S. 104-109. A. FCM, arch. 21, reg. 33 TEX CM, ohne Datierung. Im Archiv werden mehrere korrigierte Versionen mit dem gleichen Register aufgewahrt, 11.05.78.
Fragmente: 109.

"CONSIDERACIONES EN TORNO AL MEDIO AMBIENTE EN CANARIAS" [Erwägungen zur Umwelt auf den Kanaren], veröffentlicht in César Manrique, *E.F.*, S. 110-122. A. FCM, arch. 21, reg. 25 TEX CM, 9 maschinengeschriebene Seiten, einfache Zeilen-schaltung, ohne Datierung.
Fragmente: 28, 29, 110, 111 und 112.

"MOMENTO DE PARAR" [Momente der Einkehr], veröffentlicht in César Manrique, *E.F.*, S. 123-124. A. FCM, arch. 21, 24 ESO CM, 3 handgeschriebene Seiten, ohne Datierung. Im Archiv wird der gleiche maschinengeschriebene Text ohne Titel aufbewahrt, arch. 21, reg. 21 TEX CM, zwei grosse Seiten, doppelte Zeilenschaltung, ohne Datierung.
Fragmente: 7 und 30.

"LANZAROTE SE ESTA MURIENDO" [Lanzarote liegt im Sterben], ein Text, vorgelesen durch César Manrique, anlässlich einer Pressekonferenz, veranstaltet in Madrid, am 21. April 1986. Aufgeführt in César Manrique, *E.F.*, S. 125-132. Im A. FCM werden zwei handgeschriebene Texte mit geringfügigen Abweichungen aufbewahrt, arch. 21, reg. 17 ESO CM; weiter existiert eine maschinengeschriebene Kopie, 101/2 Seiten, doppelte Zeilenschaltung, arch. 21, reg. 27 TEX CM.
Fragmente: 62, 113, 116, 121, 122, 123 und 124.

"FAUNA ATLANTICA", ein Gedicht, aufgenommen in den Katalog *Fauna Atlántica-Banderas del Cosmos*,

Consell Insular de Mallorca, Mallorca, 1986.
Recogido en César Manrique, E.F., pp. 137-138.
Fragmentos: 13, 57 y 118.

"PERSONA Y PERSONAJE. CÉSAR MANRIQUE, ARTISTA", entrevista de Francisco Galante a César Manrique, en el catálogo *César Manrique. Arte y Naturaleza*, EXPO'92. Pabellón de Canarias. Sevilla, pp. 15-21.
Fragmentos: 51, 64 y 125.

"TARO DE TAHÍCHE. CASA MUSEO DE CÉSAR MANRIQUE". Texto inédito. A. FCM, arch. 21, reg. 9 ESO CM, 7 folios manuscritos y firmados, diciembre de 1988. Se conserva una copia mecanografiada, sin catalogar, dos folios a un espacio.
Fragmento: 14.

"VINOS TORRES". Texto escrito para un catálogo de vinos. A. FCM, sin catalogar, tres folios manuscritos [4 caras y media], en papel con membrete "Casa de Yanguas. Albayzin. Granada. César Manrique", marzo 1991.
Fragmentos: 63, 65 y 119.

APUNTE INÉDITO EN NOTA SUELTA, sin título, A. FCM, sin fecha. Sin catalogar.
Fragmento: 66.

DISCURSO pronunciado por César Manrique con ocasión de la celebración en Lanzarote del Congreso Internacional de Prensa y Medio Ambiente, en marzo de 1989. A. FCM, arch. 21, reg. 35 ESO CM, 9 folios manuscritos, y 36 ESO CM, 7 folios manuscritos. Se conserva un tercer texto mecanografiado, sin catalogar, 5 folios a doble espacio, versales, y un añadido manuscrito de Manrique, a lápiz, de aproximadamente un folio de extensión, marzo 1989, que es el que hemos seguido.
Fragmentos: 15, 67, 68, 96, 104, 106, 114, 128 y 129.

TEXTO inédito. A. FCM, sin catalogar, tres folios manuscritos por una cara, sin título, sin fecha.
Fragmento: 69.

Cosmos, Consell Insular de Mallorca, 1986.
Published in César Manrique, E.F., pp. 137-138.
Fragments: 13, 57 and 118.

"PERSONA Y PERSONAJE. CÉSAR MANRIQUE, ARTISTA" [Person and character. César Manrique, the artist], interview by Francisco Galante, in the catalogue *César Manrique. Arte y Naturaleza*, EXPO 92. Pavillon of the Canary Islands. Seville, pp 15-21.
Fragments: 51, 64 and 125.

"TARO DE TAHÍCHE. CASA MUSEO DE CÉSAR MANRIQUE" [Taro de Tahíche. The César Manrique House Museum], unpublished text. CMF Ar. ar. 21, reg. 9, ESO CM, 7 manuscript pages signed, December 1988. There is a type-written copy in the Archive, uncatalogued, two single-spaced pages.
Fragment: 14.

"VINOS TORRES", text written for a wine catalogue. CMF Ar, uncatalogued, three manuscript pages [on four and a half sides], on headed paper, "Casa de Yanguas. Albayzin. Granada. César Manrique", March 1991.
Fragments: 63, 65 and 119.

UNPUBLISHED NOTE ON A PIECE OF PAPER, untitled. CMF Ar. undated. Uncatalogued.
Fragment: 66.

SPEECH pronounced by César Manrique at the International Press and Environment Congress, held in Lanzarote, in March 1989. CMF Ar. ar. 21, reg. 35 ES0 CM, 9 manuscript pages and 36 ES0 CM, 7 manuscript pages. There is a third text, type-written, uncatalogued, 5 double-spaced pages, and an additional manuscript of Manrique, in pencil, about one page long, March 1989, which we have used.
Fragments: 15, 67, 68, 96, 104, 106, 114, 128 and 129.

Unpublished TEXT. CMF Ar., uncatalogued, three pages manuscript on one side only, untitled, undated.
Fragment: 69.

Consell Insular de Mallorca, Mallorca, 1986.
Aufgeführt in César Manrique, E.F., S. 137-138.
Fragmente: 13, 57 und 118.

"PERSONA Y PERSONAJE. CESAR MANRIQUE, ARTISTA" [Personen und Persönlichkeiten, César Manrique, Künstler], Interview von Francisco Galante mit César Manrique, im Katalog César Manrique. Arte y Naturaleza, EXPO `92. Pavillon der Kanaren. Sevilla, S. 15-21.
Fragmente: 51, 64 und 125.

"TARO DE TAHICHE. CASA MUSEO DE CESAR MANRIQUE" [Taro de Tahiche. Haus und Museum von César Manrique]. A. FCM, arch. 21, reg. 9 ESO CM, 7 handgeschriebene und unterzeichnete Seiten, Dezember 1988. Es wird eine maschinengeschriebene, nicht katalogisierte Kopie aufbewahrt, zwei Seiten mit einfachem Zeilenabstand.
Fragmente: 14.

"VINOS TORRES". Text, geschrieben für einen Weinkatalog. A. FCM, nicht katalogisiert, drei handgeschriebene Seiten [insgesamt 4 1/2 Blätter], auf Papier mit Briefkopf "Casa de Yanguas. Albayzin. Granada. César Manrique", März 1991.
Fragmente: 63, 65 und 119.

APUNTE INEDITO EN NOTA SUELTA [lose unveröffentlichte Notiz], ohne Titel, A. FCM, ohne Datierung. Nicht katalogisiert.
Fragmente: 66.

REDE, gehalten von César Manrique, aus Anlass der Veranstaltung des Internationalen Kongresses für Presse und Umwelt in Lanzarote, März 1989. A. FCM, arch, 21, reg. 35 ESO CM, 9 handgeschriebene Blätter, und 36 ESO CM, 7 hand-geschriebene Blätter. Es ist ein dritter maschinengeschriebener, nicht katalogisierter Text vorhanden, 5 Seiten, doppelter Zeilenabstand, versales* und eine handschriftliche Ergänzung von Manrique, in Bleistift, von rund einem Blatt, der hier zitierte Text ist von März 1989.
Fragmente: 15, 67, 68, 96, 104, 114, 128 und 129.

Unveröffentlicher TEXT. A. FCM, nicht katalogisiert, drei einseitig von Hand beschriebene Blätter, ohne Titel, ohne Datierung.
Fragmente: 69.

TEXTO inédito. A. FCM, sin catalogar, un folio manuscrito por una cara y media, sin título, sin fecha.
Fragmentos: 18 y 19.

APUNTES inéditos. A. FCM, sin catalogar, cuatro hojas manuscritas de un bloc de notas de la F.C.M, escritas por una cara y numeradas, sin título, sin fecha [en todo caso, posteriores a marzo de 1992].
Fragmentos: 20, 54, 70 y 107.

APUNTES inéditos. A. FCM, sin catalogar, varias hojas manuscritas de un bloc de notas del trasatlántico en que César Manrique realizó un crucero por el norte de Europa, agosto de 1992.
Fragmento: 71.

APUNTES inéditos. A. FCM, sin catalogar, un folio manuscrito, sin título, sin fecha.
Fragmentos: 10, 11 y 100.

"LEYES CONCRETAS DEL CONTRASTE". A. FCM, texto inédito, sin catalogar, tres folios manuscritos por una cara, sin fecha.
Fragmentos: 58 y 59.

NOTAS sueltas inéditas, en diferentes papeles. A. FCM, sin fecha. Sin catalogar.
Fragmentos: 3, 21, 52, 60 y 61.

"ESTA ESPIRAL DE LA VIDA: EL HILO QUE ME CONDUCE AL SECRETO". Inédito. A. FCM, folios mecanografiados, sin fecha. Sin catalogar.
Fragmentos: 22, 56 y 5.

TEXTO inédito, sin título. A. FCM, arch. 21, reg. 12 ESO CM, siete folios manuscritos, cuatro por ambas caras, sin fecha.
Fragmentos: 23, 24, 72, 101 y 105.

"MIRADOR DEL RÍO". Inédito. A. FCM, arch. 21, 19 ESO CM, 8 folios manuscritos inéditos, sin fecha.
Fragmento: 73.

Unpublished TEXT. CMF Ar., uncatalogued, one manuscript page on one and a half sides, untitled, undated.
Fragments: 18 and 19.

Unpublished NOTES. CMF Ar., uncatalogued, four manuscript pages in a notebook of the CMF on one side and numbered, untitled, undated [in any case after March 1992].
Fragments: 20, 54, 70 and 107.

Unpublished NOTES. CMF Ar., uncatalogued, several manuscript pages from a notebook of the ship which César Manrique cruised on, following a northern european route, August 1992.
Fragment: 71.

Unpublished NOTES. CMF Ar., uncatalogued, one manuscript page, untitled, undated.
Fragments: 10, 11 and 100.

"LEYES CONCRETAS DEL CONTRASTE" [Definite laws of contrast], CMF Ar., unpublished text, uncatalogued, three manuscript pages on one side, undated.
Fragments: 58 and 59.

Odd, Unpublished NOTES, on different types of paper. CMF Ar., undated, uncatalogued.
Fragments: 3, 21, 52, 60 and 61.

"ESTA ESPIRAL DE LA VIDA: EL HILO QUE ME CONDUCE AL SECRETO" [This spiral of life: the thread that leads me to the secret], unpublished. CMF Ar., type-written pages, undated, uncatalogued.
Fragments: 22, 56 and 5.

Unpublished, untitled TEXT. CMF Ar. ar. 21, reg. 12 ESO CM, 7 manuscript pages, four on each side, undated.
Fragments: 23, 24, 72 101 and 105.

"MIRADOR DEL RÍO" unpublished. CMF Ar., ar. 21, 19 ESO CM, 8 unpublished manuscript pages, undated.
Fragment: 73.

Unveröffentlichter TEXT. A. FCM, nicht katalogisiert, ein handgeschriebenes Blatt, 1 1/2 Seiten, ohne Titel, ohne Datierung.
Fragmente: 18 und 19.

Unveröffentlichte Notizen. A. FCM, nicht katalogisiert, vier handgeschriebene Blätter aus Notizblock der F.C.M., einseitig beschrieben, nummeriert, ohne Titel, ohne Datierung [in jedem Fall nach März 1992].
Fragmente: 20, 54, 70 und 107.

Unveröffentlichte Notizen. A. FCM, nicht katalogisiert, mehrere handgeschriebene Blätter aus einem Notizblock des Schiffs, mit dem César Manrique eine Kreuzfahrt durch Nordeuropa gemacht hat, August 1992.
Fragmente: 71.

Unveröffentlichte Notizen. A. FCM, nicht katalogisiert, ein handgeschriebenes Blatt, ohne Titel, ohne Datierung.
Fragmente: 10, 11 und 100.

"LEYES CONCRETAS DEL CONTRASTE" [Konkrete Gesetze des Kontrasts]. A. FCM, unveröffentlichter Text, nicht katalogisiert, drei handgeschriebene Blätter, einseitig beschrieben, ohne Datierung.
Fragmente: 58 und 59.

Lose NOTIZEN, auf verschiedenen Papieren. A. FCM, ohne Datierung. Nicht katalogisiert.
Fragmente: 3, 21, 52, 60 und 61.

"ESTA ESPIRAL DE LA VIDA: EL HILO QUE ME CONDUCE AL SECRETO" [Diese Spirale des Lebens: der Faden, der mich zum Geheimnis führt]. Unveröffentlicht. A. FCM, maschinen-geschriebene Blätter, ohne Datierung. Nicht katalogisiert.
Fragmente: 22, 56 und 5.

Unveröffentlichter TEXT, ohne Titel. A. FCM, arch. 21, reg. 12 ESO CM, sieben handgeschriebene Blätter, vier beidseitig beschrieben, ohne Datierung.
Fragmente: 23, 24, 72, 101 und 105.

"MIRADOR DEL RIO". Unveröffentlicht. A. FCM, arch. 21, 19 ESO CM, 8 unveröffentlichte Handschriften, ohne Datierung.
Fragmente: 73.

DISCURSO pronunciado por C. Manrique con ocasión de la recepción del Premio Fritz Schumacher 1989, otorgado por la Fundación F.V.S. de Hamburgo, por su aplicación del arte a la arquitectura y al paisaje, República Federal Alemana, 3 de noviembre de 1989. A. FCM, arch. 21, reg. 8 ESO CM, tres folios manuscritos por ambas caras.
Fragmentos: 55, 74, 82 y 83.

DISCURSO pronunciado con ocasión de la inauguración oficial de la Fundación César Manrique, Lanzarote, 25 de marzo de 1992. Publicado en *Discursos de inauguración,* Lanzarote, Fundación César Manrique, 1993.
Fragmentos: 1, 6, 12, 25, 31, 32, 79, 80, 99, 103 y 127.

DISCURSO póstumo, escrito con motivo del Día Mundial del Turismo, septiembre de 1992. Leído por el presidente de la Fundación César Manrique, José Juan Ramírez, en el Auditorium de los Jameos del Agua, en octubre de 1992.
Fragmento: 26.

TEXTO escrito para un libro que con el título *Vulcanología* se proyectó editar en Alemania. No nos consta su publicación. A. FCM, con el encabezamiento "Texto para el libro de Alemania Vulcanología de Kowalewski", arch. 21, reg. 3 ESO CM, 8 folios manuscritos y firmados, sin fecha.
Fragmentos: 78, 84, 85, 102 y 130.

TEXTO escrito con ocasión de la celebración de una semana de la radio en Canarias. Leído en radio. A. FCM, arch. 21, reg. 29 TEX CM, un folio y medio mecanografiado, sin título, sin fecha.
Fragmento: 131.

APUNTES inéditos. A. FCM, sin catalogar, un folio manuscrito en folio con el logotipo BHW FORUM, sin título, sin fecha.
Fragmento: 89.

SPEECH pronounced by César Manrique on being awarded the Fritz Schumacher Prize in 1989 by the FVS Foundation of Hamburg for his application of art to landscape and architecture, GDR, 3rd November 1989. CMF Ar. ar. 21, reg. 8 ESO CM, three manuscript pages on both sides.
Fragments: 55, 74, 82 and 83.

SPEECH pronounced at the official opening of the César Manrique Foundation, Lanzarote, 25th March 1992. Published in *Inaugural speech,* by César Manrique Foundation Lanzarote, 1993.
Fragments: 1, 6, 12, 25, 31, 32, 79, 80 99, 103 and 127.

Posthumous SPEECH written for the World Tourist Day, September 1992. Read by the Chairman of the César Manrique Foundation, José Juan Ramírez, at the Auditorium of Jameos del Agua, in October 1992.
Fragment: 26.

TEXT written for a book entitled *Vulcanología,* meant to be published in Germany. We have no news of its being printed. CMF Ar, with the heading "Text for the German book of Kowalewski Vulcanology", ar. 21, reg. 3 ESO CM, 8 manuscript and signed pages, undated.
Fragments: 78, 84, 85, 102 and 130.

TEXT written for a radio week in the Canaries. Read during broadcast. CMF Ar. ar. 21, reg. 29 TEX CM, one and a half type-written pages, untitled, undated.
Fragment: 131.

Unpublished NOTES. CMF, uncatalogued, one manuscript page with the heading of BHW FORUM, untitled, undated.
Fragment: 89.

REDE, *gehalten von C. Manrique, aus Anlass der Entgegennahme des Fritz Schumacher-Preises 1989, erteilt von der F.V.S.-Stiftung von Hamburg, für den Einsatz seiner Kunst in der Architektur und der Landschaft, Bundesrepublik Deutschland, 3. November 1989. A. FCM, arch. 21, reg. 8 ESO CM, drei handschriftliche Blätter, beidseitig beschrieben.*
Fragmente: 55, 74, 82 und 83.

REDE, *gehalten anlässlich der offiziellen Einweihung der César Manrique-Stiftung, Lanzarote, 25. März 1992, Fundación César Manrique, 1993.*
Fragmente: 1, 6, 12, 25, 31, 32, 79, 80, 99 103 und 127.

Posthume REDE, *geschrieben aus Anlass des Welttourismustages, September 1992. Vorgelesen durch den Präsidenten der César Manrique-Stiftung, José Juan Ramírez, im Auditorium des los Jameos del Agua, im Oktober 1992.*
Fragmente: 26.

TEXT, *geschrieben für ein Buch, das mit Titel Vulcanología in Deutschland veröffentlicht werden sollte. Über seine Veröffentlichung ist uns nichts bekannt. A. FCM, mit dem Titel "Texto para el libro de Alemania Vulcanología de Kowalewski", arch. 21, reg. 3 ESO CM, 8 handgeschriebene Blätter, unterzeichnet, ohne Datierung.*
Fragmente: 78, 84, 85, 102 und 130.

TEXT, *geschrieben aus Anlass der Veranstaltung einer Radiowoche auf den Kanaren. Im Radio vorgelesen. A. FCM, arch. 21, reg. 29 TEX CM, 1 1/2 Blatt, maschinengeschrieben, ohne Titel, ohne Datierung.*
Fragmente: 131.

Unveröffentlichte Notizen. *A. FCM, nicht katalogisiert, ein handgeschriebenes Blatt, auf Boten mit der Logotype BHW FORUM, ohne Titel, ohne Datierung.*
Fragmente: 89.

César Manrique en sus palabras,
editado por el Servicio de Publicaciones
de la Fundación César Manrique,
se acabó de imprimir el día
28 de septiembre de 1999
en los talleres de
Cromoimagen, S.L.
en Madrid

Fundación César Manrique
César Manrique Foundation
César Manrique - Shiftung